BURT FRANKLIN: RESEARCH & SOURCE WORKS SERIES 822
Selected Essays in History, Economics & Social Science 296

ZUR ENTSTEHUNG

DES

KAPITALISMUS

IN VENEDIG

ZUR ENTSTEHUNG

DES

KAPITALISMUS

IN VENEDIG

VON

REINHARD HEYNEN

BURT FRANKLIN
NEW YORK

Published by LENOX HILL Pub. & Dist. Co. (Burt Franklin)
235 East 44th St., New York, N.Y. 10017
Originally Published: 1905
Reprinted: 1971
Printed in the U.S.A.

S.B.N.: 8337-16883
Library of Congress Card Catalog No.: 70-171411
Burt Franklin: Research and Source Works Series 822
Selected Essays in History, Economics & Social Science 296

Reprinted from the original edition in the University of Pennsylvania Library.

Vorwort

Die vorliegende Arbeit verdankt ihre Entstehung der Anregung des Herrn Geheimrat Brentano, dessen staatswirtschaftlichem Seminar ich drei Semester angehörte. Ihm in erster Linie gebührt mein tiefgefühltester Dank für die weitgehende Förderung, die mir von seiner Seite zu teil wurde. Demnächst danke ich Herrn Professor Lotz aufrichtigst für manche wertvollen Ratschläge und Winke, sowie Herrn Professor Simonsfeld, der mir in bereitwilligster Weise zur Kenntnis des Quellenmaterials verhalf. Für die liebenswürdige Aufnahme am Staatsarchiv in Venedig bin ich den Herren Professoren Cav. Predelli und Malagola sehr verbunden.

Düsseldorf, September 1905.

Der Verfasser.

Inhalt

	Seite
Einleitung	1
Erstes Kapitel. Venedig bis zur Besiedelung von Rivo alto	7
Zweites Kapitel. Die Quellen des Reichtums in der Frühzeit	15
Drittes Kapitel. Ausdehnung und äußerer Verlauf des Handels im 11. und 12. Jahrhundert	42
Viertes Kapitel. Innere Organisation des venezianischen Seehandels	65
Fünftes Kapitel. Ein Handels- und Reedereibetrieb im 12. Jahrhundert	86
Sechstes Kapitel. Theoretische Zusammenfassung	121
Exkurs. Münzwesen im Levanteverkehr	125
Beilagen. Handelsprivaturkunden	128

Einleitung

Seit altersher bis in die jüngste Zeit waren alle Historiker, die sich mit der Geschichte Venedigs beschäftigten, in auffallender Übereinstimmung der Ansicht, daß die Wurzeln zu dem Glanz und dem Reichtum der Republik in ihrem Handel ruhten. „Scrivendo del commercio Veneziano," meint Vettor Sandi[1], „scriviamo di cosa, cui debbono la Città e la Repubblica il suo accrescimento, e quella ricchezza, che la portò alle conquiste de' Stati, che ella possedette a un tempo, e di quelli, che li rimangono tuttavia." „Die große und die kleine Handlung," pflichtet ihm der alte Lebret[2] bei, „war die Quelle ihrer Reichtümer". Und erst neuerdings wieder redet der genaue Kenner des venezianischen Geldwesens, Papadopoli, ganz unbefangen von „la potenza e le ricchezze, che i principali cittadini avevano aquistati nei commerci"[3].

Mit dieser Meinung indessen befand sich die ganze Geschichtschreibung in einem groben Irrtum, wie Sombart in seinem großen Werke „Der moderne Kapitalismus"[4] sie belehrte. Der Reichtum Venedigs nämlich, wie der aller anderen Städte im Mittelalter, entsprang nach ihm ganz anderen Quellen, „woneben das bißchen Levantehandel eine Quantité négligeable war". — Wir wollen in Kürze eine Darstellung seiner Theorie geben, die eng mit dem Problem von der Entstehung des Kapitalismus verknüpft ist.

---

[1]) Principi di storia civile della Repubblica di Venezia. 1755, I, 163.
[2]) Staatsgeschichte der Republik Venedig I, 353.
[3]) Gemeint ist das 9. und 10. Jahrhundert. Le monete di Venezia. Venezia 1893, p. 24. Die Zitate ließen sich natürlich beliebig häufen.
[4]) 2 Bände. Leipzig 1902.

Die Wirtschaftsgeschichte der europäischen Völker seit dem Fall des Römerreichs läßt sich nach dem Geiste, der jedesmal als „Leitmotiv" eine Wirtschaftsepoche beherrschte, in drei große Zeitabschnitte zerlegen. Zuerst kam die bäuerlich-feudale Epoche, die ganz auf agrarischer Kultur basierte; ihre beiden sich ergänzenden Grundgedanken waren: „auf seiner Scholle den Unterhalt für sich und die Seinen durch der eigenen und fremder Hände Arbeit zu gewinnen und durch Häufung abhängiger Landarbeiter Macht im Staate zu erringen" [1]).

Es folgte darauf eine Epoche vorwiegend gewerblicher Entwicklung, die dem ganzen Zeitalter die Signatur gab und die handwerksmäßige Organisation im ganzen Wirtschaftsleben zur Herrschaft brachte. Das Streben des Handwerkers in diesem weiteren Sinne ist darauf gerichtet, sich recht und schlecht zu ernähren; ihn beherrscht vollständig die „Idee der Nahrung". Was uns hier besonders interessiert: auch der Handel dieser Zeit ist vollständig unter diesem Gesichtspunkt zu betrachten. „Es kann nämlich nicht entschieden genug betont werden, daß dieser in aller früherer Zeit, historisch bestimmt während des ganzen europäischen Mittelalters außer in Italien, hier bis ins 14. Jahrhundert hinein, sich in ganz engem Rahmen bewegt und durchaus das Gepräge handwerksmäßiger Beschäftigung getragen hat" [2]). Nicht zuletzt gilt das auch vom Seehandel. Die Winzigkeit der Schiffe, die Geringfügigkeit der Betriebsfonds und die Länge der Umschlagsperioden entsprechen ganz dem Geiste, der in den darin tätigen Personen lebt. „Das spezifisch handwerksmäßige Wesen des Händlers alten Schlages tritt vor allem in der Eigenart seiner Zwecksetzung zu Tage. Auch ihm liegt im Grunde seines Herzens nichts ferner als ein Gewinnstreben im Sinne modernen Unternehmertums; auch er will nichts anderes, nicht weniger, aber auch nicht mehr, als durch seiner Hände Arbeit sich recht und schlecht den standesgemäßen Unterhalt verdienen; auch sein ganzes Streben ist von der Idee der Nahrung beherrscht" [3]). So sah der berufsmäßige Handel des Mittelalters

---

[1]) Ibidem I, XXXI.
[2]) Ibidem I, 164 f.
[3]) Ibidem I, 174.

aus. Was sich etwa über dieses Niveau erhob, gehört in die Kategorie des Gelegenheitshandels, so daß fast alle bedeutenderen Handelsoperationen von Nichtkaufleuten ausgeübt wurden, gleichsam im Nebenberufe von beliebigen Personen „mit Vorliebe von reichen Leuten, Grundbesitzern, hohen Beamten und dergl."
Daraus ergibt sich mit notwendiger Konsequenz, daß in einem solchen Krämerhandel, der seinem Inhaber nur so viel einbrachte, als er verzehren konnte und sollte, keine großen Reichtümer aufgehäuft werden konnten, daß mithin eine der beiden wichtigen Vorbedingungen für die Entstehung der neuen dritten Wirtschaftsordnung, nämlich die Akkumulation von Sachvermögen in angemessener Höhe, nicht in dem vorkapitalistischen Handel ihre Erfüllung finden konnte. Ihre Entstehungsgründe sieht Sombart vielmehr in ganz anderen Vorgängen, deren wichtigste er in den Schlagworten Grundrentenakkumulation und Kolonialwirtschaft zusammenfaßt. Die erstere vollzieht sich in folgender Weise: Die ursprünglich mit Grundbesitz in der Stadt ansässigen Familien erscheinen später als die großen Vermögensbesitzer, da auf ihrem Besitze sich die Stadt erhob. „Alles also, was sich später in der Stadt niederließ, der ganze Troß der Kaufleute und Handwerker, der marchands et manouvriers sans héritage, mit einem Worte die gesamte städtische Bevölkerung — soweit sie nicht auf städtischem Gebiete oder auf den Besitzungen der Kirchen und Klöster Unterkunft fand — siedelte sich auf dem Grund und Boden dieser paar Familien an." Die Folge davon war, daß die gesamte werktätige Bevölkerung in ökonomische Abhängigkeit von den Grundbesitzern geriet, die in der Form der Zeit- und Erbleihe einen erheblichen Anteil am Arbeitsertrage der Kleinbürger als jährliche feste, eventuell allmählich sich steigernde Rente bezogen, welche im Laufe der Generationen zu beträchtlichen Geldvermögen sich anhäufte. In ähnlicher Weise entstanden solche durch Monetarisierung großer Landrenten, deren Bezieher in der Stadt lebten. Auf der anderen Seite steht als vermögensbildender Faktor die Kolonialwirtschaft, das eigentlich Gewinnbringende im mittelalterlichen Levantehandel, das man bisher fälschlich der Handels-

tätigkeit selbst zuschrieb. „Systematische Ausbeutung der Mittelmeervölker mittels Zwangsarbeit bildet das eigentliche Fundamentum, auf der sich die Machtstellung Venedigs und Genuas erhebt." Alle die sogenannten Handelsstützpunkte waren nichts anderes als die Zentren großer Plantagenwirtschaften, auf denen Sklaven oder so gut wie unfreie Bauern für die Tasche ihrer italienischen Herren arbeiteten; sie waren Sitze gewerblicher Produktion, die auf gleichen Hörigkeitsverhältnissen beruhte.

So bildete sich das sachliche Element des modernen Kapitalismus. Aber erst das Hinzukommen des persönlichen, des kapitalistischen Geistes bewirkte die Geburt der dritten Wirtschaftsepoche. Das Erwachen des Erwerbstriebes und seine Anwendung auf das Wirtschaftsleben, also das Gewinnstreben als Selbstzweck, und die Ausbildung des ökonomischen Rationalismus kündigen die neue Ära an. „Der Wendepunkt in der Weltgeschichte", das „Geburtsjahr des modernen Kapitalismus" (I, 392) ist das Jahr 1202: denn da erscheint das Rechenbuch Leonardo Pisanos, das die theoretische Grundlage für die wichtigste Eigenschaft des Kapitals, für seine „Rechenhaftigkeit", schafft; da beginnt zugleich mit der Eroberung Konstantinopels durch die Abendländer die Besitzergreifung des Orients und die Geldakkumulation größeren Stils.

Soweit Sombart. Was die Schwäche seiner Theorie ausmacht, ist vor allem der Umstand, daß sie alles über einen Kamm schert, daß sie eine einheitliche Entstehungsursache des Kapitalismus in allen Städten annimmt, worauf schon Delbrück[1]) hinwies, ohne Rücksichtnahme auf deren besondere Eigentümlichkeiten und insbesondere auf ihren etwaigen Zusammenhang mit der antiken und byzantinischen Kultur. August Strieder hat neuerdings[2]) für Augsburg an Hand der Steuerbücher den Nachweis geführt, daß die Grundrententheorie für diese Stadt wenigstens nicht zutrifft, sondern ihre großen Vermögen im Handel erworben worden sind. Aber von ausschlaggebender Bedeutung für das Problem vom Ur-

---

[1]) In den Preußischen Jahrbüchern Bd. 113 (1903), p. 338.
[2]) Zur Genesis des modernen Kapitalismus. Leipzig 1904.

sprung des Kapitalismus sind die Orte, an denen er zuerst zur Entstehung gekommen ist. Und diesbezüglich müssen die deutschen Städte, wie auch Sombart immer hervorhebt, den italienischen Kommunen weichen. Letztere sind um Jahrhunderte den ersteren voraus, und der von ihnen betriebene Seehandel mußte von vornherein vielmehr zum Großbetriebe drängen als der Landhandel, in dem sich am meisten der niedrige Stand der Verkehrstechnik als schweres Hindernis erwies. Dann aber gab es doch in Italien einzelne Orte, die niemals das Gefühl der Zugehörigkeit und die tatsächliche Fühlung mit dem oströmischen Reiche verloren hatten, das immerhin noch viele Traditionen des altrömischen Kaiserreichs fortpflanzte, unter denen eine ziemlich entwickelte Geldwirtschaft obenan stand. In Oberitalien spielte diese Rolle nach dem frühen Niedergang Ravennas[1] Seevenetien, wo, wie Niccolò Zeno[2] es ausdrückt, Gott gleichsam in einer Arche Bruchstücke des alten Römervolkes vor der Sintflut der Völkerwanderung geborgen hatte[3]. Bedenken wir noch die große Bedeutung Venedigs und seine hohe wirtschaftliche Blüte im ganzen Mittelalter, im Gegensatz zu dem ähnlich beginnenden, aber schnell wieder versinkenden Amalfi, so muß es sich uns als sehr geeignetes Studienobjekt darstellen, um daran die Richtigkeit der Sombartschen Ausführungen zu prüfen und eventuelle Abweichungen festzustellen.

Als zeitliche Grenze der Untersuchung ergibt aus dem Vorausgeschickten von selbst das Jahr 1202. Die vorliegende Arbeit wird notwendigerweise eine Darstellung der wirtschaftlichen Entwicklung Venedigs bis zu diesem Zeitpunkte in den Hauptzügen im Zusammenhange geben müssen. Doch sollen

---

[1] Für Ravenna vgl. neuerdings den Aufsatz von Aloys Schulte, Die geschichtliche Bedeutung Ravennas in der Beilage zur Allgemeinen Zeitung 1905, Nr. 62, 63.

[2] Dell' origine di Venetia. Venetia 1558, Fol. 7 f.

[3] Von großer Wichtigkeit ist da auch die Tatsache, daß in Venedig sich schon in ältester Zeit die Sitte der Benennung mit Geschlechtsnamen findet, während selbst in Rom dieser antike Brauch ganz in Vergessenheit geraten war. G. B. Monticolo, La cronaca del Diacono Giovanni, 1882, p. 61.

drei Fragen dabei besondere Berücksichtigung finden: Was ist die Entstehungsursache der ältesten Vermögensakkumulationen (der „ursprünglichen Akkumulation")? Welche Bedeutung besaß der Handel in der äußeren Politik Venedigs und welche Chancen bot er dem Reichtumserwerb? Wie war die innere Organisation und die Betriebsweise des Seehandels? Das Schlußkapitel wird dann auf die Einleitung wieder zurückgreifen.

Geld, das jeder gern in Zahl nimmt und für das also seine Besitzer sich leicht ihre Bedürfnisse eintauschen können. Nur kleine Kähne vermitteln ihren Verkehr untereinander. Wie andere Leute ihre Zugtiere, so binden sie diese Fahrzeuge an die Pfosten ihrer Türe. — Soweit Cassiodor.

Wir erfahren aus dieser Schilderung, daß die Veneter den Tribunen unterstanden, jenen ursprünglichen Militärbeamten, den Befehlshabern eines Numerus, die aber bei dem fast chronischen Kriegszustand Italiens allmählich auch die Befugnisse der Zivilverwaltung und insbesondere der Gerichtsbarkeit absorbierten. Anfangs ein Amt, das von einer Zentralstelle aus besetzt und besoldet wurde, wandelte es sich schließlich in eine erbliche Würde um, von der die Masse der Untergebenen in immer größere Abhängigkeit geriet[1]). Voll durchgeführt wurden diese Institutionen wieder nach Beseitigung der gotischen Fremdherrschaft, die sich übrigens ja auch meist den bestehenden römischen Einrichtungen angepaßt hatte. Auf kurze Zeit wurde nun ganz Italien byzantinisch und auch nach dem Langobardeneinfall verblieben dem oströmischen Kaiser noch längere Zeit, außer Sizilien und Unteritalien, das Exarchat von Ravenna, Seevenetien und Istrien.

Die Invasion der Langobarden brachte den Inseln eine neue starke Zufuhr an Menschenmaterial. Ja, man darf wohl sagen, daß damit eigentlich erst diejenige Besiedelung begann, aus der heraus sich die späteren Verhältnisse entwickelten, wie ja auch die recht zuverlässige Chronik des Diakon Johannes (abgeschlossen ca. 1010) erst 568 Seevenetien beginnen läßt[2]). Denn wenn Cassiodor die Zustände richtig erfaßt hat, so gab es noch in der ersten Hälfte des 6. Jahrhunderts keine soziale Differenzierung unter der Lagunenbevölkerung. Alle lebten,

---

[1]) L. M. Hartmann, Byzantinische Untersuchungen 1887, p. 51 f. Derselbe, Geschichte Italiens im Mittelalter I. passim.

[2]) Das Chronicon Venetum des Johannes ist publiziert in den Mon. Germ. hist. SS. VII und neuerlich von Monticolo in den Fonti per la storia d'Italia als Hauptbestandteil des 1. Bandes der Cronache Veneziane antiquissime (Roma 1890). Hier wird es in der Folge nach dieser neuesten Ausgabe zitiert werden; obige Stelle befindet sich auf p. 63 und ist unabhängig von Paulus Diaconus.

Erstes Kapitel

Venedig bis zur Besiedelung von Rivo alto

Wie allgemein angenommen wird, fällt die erste Besiedelung der Inseln an der venetischen Lagunenküste mit der Zerstörung Aquilejas durch Attila (452) zusammen. Wahrscheinlich fanden da die Flüchtlinge aus der eroberten Stadt schon eine spärliche Fischerbevölkerung vor. Denn auch im Altertum war Seevenetien keineswegs unbekannt. Erfahren wir doch aus einem Verse Martials, daß die Lidi bei Altinum mit Landhäusern vornehmer Römer in großer Zahl bedeckt waren [1]:

Aemula Bajanis Altini litora villis.

Aber die älteste Schilderung der neu gebildeten Lagunenbevölkerung verdanken wir Cassiodor [2]. Er forderte 537 oder 538 in einem Schreiben an die tribuni maritimorum die Veneter auf, Weizen, Öl und Wein, da die Ernte dieses Jahr besonders reichlich ausgefallen sei, von Istrien auf ihren Schiffen nach Ravenna, der Residenz der Gotenkönige, zu verfrachten. Er rühmt sodann ihre Tüchtigkeit in der Seeschiffahrt nicht minder als in der Binnenschiffahrt auf den Flüssen und Wasserläufen, die Landvenetien zahlreich durchschneiden. Ihre Wohnungen, auf den kleinen Sandinseln verstreut, schützen sich durch Flechtwerk und Dämme gegen den stetigen Anprall des Wassers, so daß sie das Aussehen der Nester von Wasservögeln erhalten. Ihren Unterhalt gewinnen die Bewohner aus der Fischerei und den Salinen. Das Salz ist gleichsam das

---

[1] Liber IV, 25, 1.
[2] Variarum liber XII, 24 ed. Mommsen in den Mon. Germ. hist. Autor. antiquiss. XII, p. 379 ff.

sei es als Fischer, Schiffer oder Salzsieder, gleichberechtigt und gleich reich oder vielmehr arm nebeneinander.

Das ändert sich mit dem neuen Zuzug vollkommen. Aus den zerstörten oder bedrohten Städten der terra ferma wandern jetzt in der zweiten Hälfte des 6. und im 7. Jahrhundert die tribunizischen Geschlechter aus: aus Altinum, Padua, Oderzo, Belluno, Concordia, Aquileja u. s. w. Sie kamen aber nicht allein, sie brachten ihre servi und coloni mit und verpflanzten ihre grundherrlichen Verhältnisse direkt in die Lagunen, modifiziert natürlich nach der anders gestalteten Umgebung.

Sehen wir uns diesen Vorgang, soweit möglich, einmal näher an. Die Hauptquelle hierfür ist das Chronicon Venetum vulgo Altinate, das von verschiedenen Verfassern herrührt und ein Bild der wirtschaftlichen Zustände Venetiens zu Beginn des 9. Jahrhunderts gewährt, jedoch auch eine Reihe interessanter Rückblicke auf die Besiedelungsgeschichte einzelner Inseln gibt und in dieser Hinsicht bei Verzicht auf jede chronologische Fixierung ganz brauchbar ist[1]). — Man kann im ganzen sagen, daß die intensivere Besiedelung der Inseln und Lidi im Norden beginnt mit der Verlegung des Patriarchats von Aquileja nach Grado, fast schon in Istrien gelegen, und daß dann allmählich die Küste hinab der Schwerpunkt Seevenetiens nach Süden gleitet, wo er endlich auf Rialto dauernden Halt gewinnt.

Betrachten wir als einen typischen Fall dieser Besitzergreifung die Gründung von Torcello durch die Einwohner des zerstörten Altinum, wohl gegen Ende des 6. Jahrhunderts[2]). Unter der Führung eines Obertribunen besetzt die Auswandererschar Torcello und fünf umliegende Inseln, die nach den Toren und Türmen Altinums genannt werden. Die tribuni bauen sich feste Kastelle, um deren Mauern sie Kolonen ansiedeln, die ihnen zu einer festen Abgabe, dem tributum, verpflichtet

---

[1]) Herausgegeben von Simonsfeld in den Mon. Germ. hist. SS. XIV; die letzte Ausgabe von Monticolo im 2. Band der Cronache Veneziane antichissime war mir leider nicht zugänglich, doch soll sie auch nichts wesentlich Neues bringen. Vgl. Simonsfeld, Venezianische Studien I (1878), p. 79, 82 f.
[2]) Chron. Altin. p. 6 ff.

sind¹). Wie dies tributum beschaffen war, können wir aus dem Zins schließen, den dem neu errichteten Episkopat von Torcello die diesem untergebenen cultores vinearum zu leisten hatten. Jährlich bei der Weinlese müssen sie für je ein iugum Weinlands zwei Weinstöcke mit vollen Trauben abliefern; sodann besteht eine Haussteuer von acht Münzen, die nicht näher bezeichnet sind, pro Wohnung. Die Nutzung des Wassers, also der Fischfang, ist Reservatrecht des Bischofs²). Andere coloni haben Abgaben in Gestalt von Hühnern und Eiern zu leisten. Die Frondienste werden hier nicht angegeben, doch bestanden sie sonst vor allem in der Verpflichtung, den Grundherrn auf einer Barke überallhin oder eine bestimmte Strecke weit zu befördern. — Von den coloni als schollenpflichtigen Landbebauern scheinen die servi als Unfreie im persönlichen Dienst des Herrn³) oder als hörige gewerbliche Arbeiter unterschieden zu werden. So heißt es an einer Stelle⁴), daß auf Torcello oder einer Nachbarinsel ein großer Turm (turris) von den Tribunen errichtet wurde, in welchen diese servi als Arbeiter hineinschickten, damit sie kostbares Pelzwerk verfertigten. Es läßt sich nicht feststellen, ob purpurne Partherfelle oder Marderfelle verstanden werden sollen⁵). Ebenso erfahren wir an einer anderen Stelle von den Moysolini, daß sie eine große Schar von servi besaßen, die zahlreiche gewerbliche Produkte für sie herstellten⁶). Hofrechtliche Innungen vervollständigen das Bild eines mittelalterlichen Fronhofes⁷).

Wie Hartmann annimmt⁸), noch durch kaiserliche Ver-

---

¹) Siehe die Schilderung bei Hartmann, Die wirtschaftlichen Anfänge Venedigs in der Vierteljahrsschrift für Sozial- und Wirtschaftsgeschichte II. Bd., 3. Heft (1904), p. 434—442.

²) Chron. Altin. p. 9 f.

³) Die Freilassung von servi ist in den Testamenten von Anfang an (seit 829) sehr üblich.

⁴) Chron. Altin. p. 11.

⁵) Simonsfeld a. a. O. p. 91.

⁶) Chron. Altin. p. 23.

⁷) Ibidem p. 42. Simonsfeld a. a. O. p. 118. Magister scoli ist ein in venezianischen Urkunden des 11. Jahrhunderts nicht seltener Familienname.

⁸) Anfänge Venedigs p. 436.

fügung erhielt die Bevölkerung von Seevenetien am Anfang des 8. Jahrhunderts zur Zeit der großen „Los-von-Ostrom-Bewegung" in Italien einen dux, das heißt ebenfalls einen militärischen Befehlshaber und Vorgesetzten der tribuni, wie ja solche duces auch zeitweilig in Rom, Neapel, Amalfi u. s. w. bestanden. Der dux wurde aus den einheimischen Geschlechtern genommen und ihm fiel nun die schwierige Aufgabe zu, seine Autorität über die vielen Grundherrschaften, die ebensoviele Autonomien darstellten, geltend zu machen. Es geschah das unter blutigen inneren Kämpfen und mancher Doge büßte dabei sein Leben ein.

Vielleicht können wir aus einigen Andeutungen unserer Chronik uns eine Vorstellung von der Verfahrungsweise des Dogen in diesen Bestrebungen machen. Da bemerken wir zunächst ganz unverkennbar die Tendenz, auf Kosten der Tribunen den Patrimonialbesitz des Dukats zu erweitern und zwar mit schlauer Benutzung der Streitigkeiten der Grundherren untereinander. Für die Insel Jesolo scheint das ziemlich klar aus dem Bericht des Chronicon[1] hervorzugehen. Die Gründung der Niederlassung dort wird einer Auswanderung mehrerer angesehener Tribunen aus dem ersten Dogensitze Eraclea und vieler Einwohner von Malamocco zugeschrieben, die aus Haß gegen den Dogen Paolucio ihre bisherigen Wohnsitze verlassen haben sollen, vermutlich, um ihre Unabhängigkeit in einiger Entfernung von dem dux besser bewahren zu können. Sodann erzählt die Chronik von einem Rachezuge der Jesolaner gegen Eraclea, bei dem der Doge getötet worden sein soll.

Die tribunizischen Geschlechter siedelten sich auf Jesolo in gewohnter Weise in Kastellen an, um die herum die zinspflichtigen Kolonen saßen[2]. Besonders stark wurde auf dem Lido Pineto Weinbau getrieben; sonst waren dort viele Weiden, Gärten, Felder und Mühlen. Letztere, aquimolae oder molendines, wurden gewöhnlich durch Wasserkraft, also die Lagunenströmung, getrieben und bildeten in der ältesten Zeit sehr

---

[1] Chron. Altin. p. 34.
[2] Ibidem p. 35.

häufig den Gegenstand von Kauf oder Nutzung. Ihre technische Einrichtung ist gänzlich unbekannt, da sie schon im ausgehenden Mittelalter ganz verschwanden [1]). — Auf diesem Lido Pineto brach aus unbekannten Ursachen ein blutiger Streit aus. Die Dogen — es werden die Herzöge Beatus und Obelierius von Malamocco genannt — benutzten die Gelegenheit und eilten nach Jesolo. Das Ende der Fehden war, daß die Lidi von Livenza, Pineto und Romadine nebst dem Gebiet der Piave sowie drei Viertel der Besitzungen inner- und außerhalb des Kastells von Jesolo mit allen Äckern, Weingärten und Nutzungen von Wasser, Sümpfen und Kanälen dem Dukat von Malamocco zugewiesen wurden. Die Dogen setzten ihren Bruder in das Kastell mit der Gerichtsbarkeit über die Tribunen und die anderen Bewohner ein [2]).

Die Schwächung der alten tribunizischen Gewalt ist hier ganz evident. Die Gerichtsbarkeit und damit die Herrschaft über eine abhängige Gefolgschaft wird ihr gänzlich entzogen. — Aber die Entwicklung in Jesolo schritt in diesem Sinne noch weiter fort. Zu Beginn des 9. Jahrhunderts wanderten alle Tribunen dieses Ortes aus und ließen sich auf Rialto nieder; das gleiche wird von den Bewohnern Eracleas und Malamoccos gemeldet. Alle ihre Besitzungen, heißt es dann weiter, wurden dem Domanium des Dukats einverleibt. Von Jesolo wird noch besonders berichtet, daß das Kastell der Tribunen nun leer stand, und daß die Dogen deshalb aus den Umwohnern geeignete Persönlichkeiten auswählten und sie in dem Kastell in kleinen Wohnungen ansiedelten. Als jährlichen Tribut mußten diese letzteren ein Marderfell und einen Scheffel Pinienfrucht abliefern. Ebenso gehörten jetzt die Ländereien Eracleas den Herzögen aus Malamocco; die dortigen Kolonen mußten zu je sechs jährlich eine Barke mit 25 Holzfuhren befrachtet an das Palatium abführen. Auch die Caprulenser, welche die Lidi von Jesolo und noch die ganze mehr nördlich gelegene Küstenstrecke bis Caorle (Caprulae) bewohnten, mußten

---

[1]) Romanin, Storia documentata di Venezia I, p. 65 f.
[2]) Chron. Altin. p. 40. Der Anonymus schöpft hier augenscheinlich aus einer Urkunde.

für je sechs einzelne Höfe 20 Karren Holz im Jahr zum Schiffsbau an die Dogen zinsen, die Arbeit auf den herzoglichen Feldern und Weiden verrichten und Frondienste mit ihren Kähnen leisten. Dafür hatten sie das Recht des dreimaligen Fisch- und Vogelfangs im Jahr[1]).

Den ganzen geschilderten Vorgang pflegt man als die Gründung der eigentlichen Stadt Venedig zu bezeichnen, da gleichzeitig auch die Verlegung des Dogensitzes von Malamocco nach Rialto stattfand, wo er dann endgültig verblieb. Gewöhnlich wird diese Veränderung mit dem Kriegszuge Pippins gegen Venetien und der größere Sicherheit versprechenden Lage von Rivo alto in Verbindung gebracht. Die ältesten Chroniken geben eine nähere Motivierung nicht. Wie es sich auch mit der äußeren Veranlassung zur gemeinsamen Besiedelung von Rialto verhalten mag, jedenfalls erscheint sie als das Endglied einer Kette von Maßnahmen der obersten Gewalt, die alle deutlich darauf abzielten, den ursprünglich selbständigen und gleichsam souveränen Grundherrschaften den Boden, in dem ihre Macht wurzelte, unter den Füßen wegzuziehen und sie dann gänzlich der Autorität des Dogen zu unterwerfen. Es handelte sich, wenn wir das Chronicon Altinate recht verstehen, um eine wenigstens teilweise Expropriation der Tribunen, Einziehung ihres Besitzes an Land und Leuten zwecks Stärkung der herzoglichen Stellung und endlich Zusammendrängung und Urbanisierung des zerstreut lebenden Adels unter unmittelbarer Kontrolle des Dogen, der an seinem reichen Patrimonialbesitz[2]) festen Rückhalt fand. Das Geschlecht der Particiaci war es, das diese Umwälzung im Jahre 809 herbeiführte und auch zum Teil erfolgreiche Bemühungen zur Erblichmachung der Dogenwürde machte.

Zu bemerken ist hierzu aber noch, daß, soweit wir die Entwicklung zurückverfolgen können, unterschieden wird zwischen dem Domanium des Dukats und dem Privatbesitz des jeweiligen Trägers dieser Würde. Daneben scheint innerhalb Seevenetiens nur der Patriarchat größeren Grundbesitz gehabt

---

[1]) Chron. Altin. p. 41, 42, 43.
[2]) Aufzählung des Domaniums bei Monticolo a. a. O. p. 79 ff.

zu haben; ihm war der Lido von Grado bis Caorle zur Nutzung zugewiesen. — Immerhin darf man nicht aus aus den Augen lassen, daß es sich hier nur um Miniaturverhältnisse handelte, da sich alles auf den kleinen Inseln und schmalen Lidi im engen Rahmen der venezianischen Lagune und des nördlichen Küstenstreifens abspielte, wo für ausgedehnte Ländereien und Latifundienbesitz einfach kein Platz war.

Zweites Kapitel

Die Quellen des Reichtums in der Frühzeit (bis zum Beginn des 11. Jahrhunderts)

Wenn wir an die Lösung der Aufgabe herangehen, den Quellen der frühesten Vermögensbildungen in Venedig nachzuforschen, so tritt uns naturgemäß zunächst die Frage entgegen: wann können wir überhaupt von größerem Reichtum in Venedig sprechen? Die Antwort ist: sobald überhaupt Urkunden anfangen, uns nähere Einblicke in das venezianische Leben zu gewähren, außer den Chroniken, die bisher allein uns Auskunft gegeben hatten. Letztere gewähren selbstredend für unseren Zweck nur geringe Ausbeute, schon wegen der Unbestimmtheit der Angaben. Nur ganz gelegentlich erwähnt zum Beispiel Diakon Johannes, daß Bischof Deusdedit von Torcello ums Jahr 700 seine Kathedrale der hl. Jungfrau aufs prächtigste ausschmückte und mit bunten Marmorarten zierte [1]. Das Verzeichnis der Familien, die sich 809 auf Rialto niederließen, hebt nur zwei Geschlechter als besonders reich ausdrücklich hervor: die Barbolani [2] und Deodones oder Fauni [3].

Dagegen ist uns eine Aufstellung des Patriarchen Fortunatus [4] erhalten, der von 803—830 den Stuhl von Grado inne hatte, über alle Vermächtnisse, die er im Laufe seiner langen Regierungszeit den Kirchen von Venetien zugewendet hat [5].

---

[1] ed. Monticolo p. 89.
[2] Chron. Altin. p. 28.
[3] Ibidem p. 32.
[4] Im Codice Trevisaneo. Abgedruckt bei Marin, Storia civile e politica del commercio de' Veneziani (1798) I, p. 273 ff.
[5] Angefertigt wurde die Liste zwischen 810 und 824 nach Monticolo, La costituzione del doge in den Atti della R. Accademia dei Lincei. Serie V, Cl. di scienze ecc. Rendiconti 9 (1900), p. 10.

Trotzdem das Dokument stark verstümmelt ist und erhebliche Lücken aufweist, so geht doch aufs deutlichste daraus hervor, mit welchem Luxus der Patriarch seine Kirchen ausstatten konnte. In die Kathedrale S. Eufemia in Grado stiftete er zwei große silberne Kandelaber, von denen einer 100 Lampen trug; außerdem zahlreiche goldene und silberne Gefäße, Weihrauchfässer, Opferschalen; eine Fülle von seidenen Decken mit Darstellungen aus der Bibel gestickt, purpurne und damastene Stoffe, kostbare Meßgewänder, goldene Pokale mit Edelsteinen und Gemmen besetzt. Besonders luxuriös stattete er den Altar in der Kirche der hl. Märtyrer aus; er war 15 Fuß lang und 3½ Fuß breit und über und über mit Gold und Silber geschmückt; ebendort führte er einen gleichfalls mit Gold und Silber gezierten Lettner in der Höhe von 4 Fuß auf, über welchem sich silberne Bogenreihen wölbten, die oben mit den goldenen und silbernen Bildsäulen der 42 Märtyrer gekrönt waren. Eine Reihe von Kirchen restaurierte er gründlich oder baute sie von Grund auf neu. Den von ihm gegründeten Klöstern ließ er reiche Einkünfte teils in natura teils in Geld zukommen. Und das alles aus seinem Privatvermögen, wie er ausdrücklich bemerkt, ohne Inanspruchnahme des Kirchenschatzes. — Desgleichen erzählt uns ein Chronist[1]) von den ähnlichen Verdiensten des Zeitgenossen und Gegners des Fortunatus, des Patriarchen Johannes, ebenfalls um die Kirchen: die Altäre mit den Reliquien von SS. Ermagora e Fortunato und SS. Ilario e Taciano sowie die St. Markuskapelle baute er prachtvoll mit marmornen Säulen und Tafeln aus; in S. Maria Mater Domini vollendete er das Ciborium über dem Altar.

Dem tritt würdig zur Seite der Reichtum, den das Testament des Dogen Giustiniano Particiaco vom Jahre 829 aufweist[2]). Auch er verteilt außer beträchtlichem Landbesitz eine Anzahl Kostbarkeiten: goldene Kruzifixe, 3 silberne Schalen, 3 silberne Weihrauchgefäße, 5 bronzene Kronleuchter, 3 bronzene Kandelaber, seidene Altardecken, mit Perlen be-

---

[1]) Diakon Johannes a. a. O. p. 105.
[2]) Vollständig bei Gloria, Codice diplomatico padovano (1879) I, p. 12—16. Auszug bei Romanin a. a. O. I, p. 348 ff.

setzte Kreuze etc. Den wichtigsten Teil aber machen in diesem Testament die außerordentlich zahlreichen Legate in Geld aus, die zusammen einen Wert von 1770 £ Denare oder 150 096 Mk.[1]) heutigen Geldes repräsentieren. Sodann wäre hier das Testament des Bischofs Orso[2]) von Olivolo (853) zu nennen, der abgesehen von vielen anderen Vermächtnissen 100 Pfund Silber zum Loskauf von Gefangenen, 100 Pfund Silber an die Armen und abermals 100 Pfund zur Instandhaltung der Kirchen stiftete. — Für die spätere Zeit sei nur auf die Stiftungen der Familie Orseolo hingewiesen. 978 stiftete Pietro I. Orseolo 2000 £ Denare, zur Hälfte an die Armen, zur Hälfte für andere öffentliche Zwecke[3]). Pietro II. Orseolo setzte 1006 dem Volke von Venedig 1250 £ venezianischer Denare aus[4]). Auf diese Stiftung werden wir später noch zu sprechen kommen.

Diese Beispiele werden wohl genügen, um zu zeigen, daß in der Tat schon in der frühesten Zeit sich in Venedig Reichtümer im Besitze einzelner Familien angehäuft hatten, deren Ursprung nachzugehen sich verlohnt. Wenn Chronist Johannes[5]) ums Jahr 1000 von dem „goldenen Venedig", der aurea Venetia, sprach, so wird er wohl nicht zuletzt an die günstige materielle Lage seiner Bewohner gedacht haben, auf deren Glanz und Reichtum er auch sonst häufig hinweist. Deshalb trugen auch die stolzen byzantinischen Kaiser kein Bedenken, ihre an den üppigsten Prunk gewöhnten Prinzessinen an vornehme Männer des Insellandes zu verheiraten[6]), während es doch selbst einem

---

[1]) Berechnet nach den Angaben von Papadopoli, Le monete di Venezia p. 41 unter Zugrundelegung der Relation 12½ : 1 £ Denare = 84,8 M.

[2]) Gloria a. a. O. I, p. 22—25.

[3]) Johs. Diac. a. a. O. p. 142 f.

[4]) Urkunde bei Kohlschütter, Venedig unter dem Herzog Peter II. Orseolo 1868, p. 93 f.

[5]) A. a. O. p. 144.

[6]) Johannes, Sohn des Dogen Pietro II. Orseolo, heiratete die byzantinische Prinzessin Maria, imperiali editam stirpe. Joh. Diac. p. 168. Gleicher Abstammung war die Gattin des Dogen Domenico Selvo (1070 bis 1084). Dandolo (Muratori, Rerum Italicarum Scriptores. Tom. XII) col. 247 nach Peter Damiani.

deutschen Kaiser nur mit größter Schwierigkeit gelang, das gleiche Ziel zu erreichen.

Wir beginnen mit der Prüfung von Sombarts Grundrentenhypothese. Was zunächst die städtische Grundrente anlangt, so ist es a priori klar, daß sie unmöglich den ersten Grund zur Entstehung des venezianischen Handelskapitals gelegt haben kann. Denn der Handel Venedigs ist älter als die eigentliche Stadt Venedig, von der man ja erst seit 809 reden kann. Aber auch später fehlten alle Voraussetzungen, die man notwendigerweise machen muß, um sich große Vermögensansammlungen im frühmittelalterlichen Venedig aus dem Bezug bedeutender Stadtrenten erklären zu können. Denn hier herrschte keineswegs die Verteilung des Eigentums an Grund und Boden, die Sombart zur Aufrechterhaltung seiner Hypothese anzunehmen gezwungen ist. Es war durchaus nicht so, daß auf der einigen wenigen Geschlechtern gehörigen Bodenfläche die Stadt erstand, so daß fast alle Bewohner diesen Familien als ihren Obergrundherrn zinspflichtig gewesen wären. Weit über 100 vornehme Familien, die sich um 809 auf Rialto ansässig machten, zählen allein die alten Verzeichnisse auf. Aus den zahlreich seit Ende des 10. Jahrhunderts erhaltenen Privaturkunden geht aufs deutlichste hervor, daß außer diesen noch viele andere geringere Familien auf ihrem eigenen Grund und Boden ein eigenes Haus besaßen, auch wenn sie nicht zu den alten Patriziern zählten und nie an politischen Handlungen beteiligt erscheinen. Wir sehen im Anfang in Venedig einen auch hinsichtlich der Eigentümer stark parzellierten Boden, selbst die engen Gassen zwischen den Häusern gehörten den Anwohnern zu entsprechenden Teilen [1]).

Erst seit dem 12. Jahrhundert deutlich erkennbar beginnt das Streben der kapitalkräftigen Geschlechter und Klöster, möglichst viel städtischen Grundbesitz aufzukaufen als Anlage ihrer anderweitig erworbenen Vermögen, die Wirkung, aber nicht die Ursache ihres Reichtums. Das findet seinen Ausdruck auch in dem Umstande, daß ihr Grundbesitz nicht etwa eine

---

[1]) Vgl. Cecchetti, La vita dei Veneziani fino al 1300 im Archivio Veneto II, p. 70 und passim.

zusammenhängende Domäne um ihren Stammpalazzo bildet, sondern regellos in der ganzen Stadt verstreut liegt[1]).

Aber selbst wenn wir diese Besitzverhältnisse außer acht lassen wollten: wer und auf Grund welcher Art von Erwerb sollte denn jemand im Venedig des 9. und 10. Jahrhunderts beträchtliche Grundrenten haben zahlen können? Gewiß nicht aus landwirtschaftlichen Erträgen. Die gewerbliche Entwicklung war bis ins 12. Jahrhundert noch äußerst schwach, während wir doch gewiß einen für den Export arbeitenden regen Handwerkerstand zu jener Annahme nötig hätten. Daß den armen Fischern nichts abzunehmen war, versteht sich wohl von selbst. Und endlich hatte sich in dieser frühen Zeit der Monopolcharakter des Bodens noch gar nicht in voller Schärfe geltend gemacht. Die Raumausnützung war auf den kleinen Inseln bis über das 12. Jahrhundert hinaus noch gar nicht so peinlich, wie man etwa denken könnte, so daß Bodenwertsteigerung und hohe Grundrenten für diese Epoche ausgeschlossen erscheinen. Aus zahlreichen Urkunden erfahren wir, daß zwischen den Häusern sich viele unbebaute und gänzlich brachliegende Grundstücke befanden. Nicht wenig Gärten, Fischteiche, Sümpfe, ja kleine Salinen lagen mitten in der Stadt verstreut[2]).

Der städtischen Grundrente können wir also zur Beantwortung unserer Frage keinerlei Bedeutung beimessen. Wie aber stand es mit der ländlichen? Auf sie legt Sombart für die älteste Zeit ganz besonderen Nachdruck und bemüht sich, eine Anzahl Belege für seine Ansicht beizubringen. Man kann nicht sagen, daß er in der Wahl seiner Beispiele besonders glücklich gewesen ist. Ja zuweilen beweisen sie, genauer betrachtet, just das Gegenteil seiner Behauptung. Zwei dieser Fälle möchte ich hervorheben, ehe ich an die Erörterung der sogenannten Landrenten selbst herantrete.

„Eine beträchtliche Ausdehnung," bemerkt Sombart in

---

[1]) Der städtische Grundbesitz des reichsten Mannes seiner Zeit, des Dogen Pietro Ziani, lag verstreut in den Sprengeln S. Zulian, S. Giovanni di Rialto, S. Geminiano, S. Bartolomeo, S. Giovanni Battista und S. Giustina. Vgl. die Inhaltsangabe seines Testamentes (1227) bei Cecchetti, La vita dei Veneziani fino al 1200. Venezia 1870, p. 68—70.

[2]) Cecchetti im Archivio Veneto II, p. 67.

seiner Darlegung[1]), „erfuhr der Landbesitz der vornehmen Venezianer durch entsprechende Verheiratungen." Als wichtigstes Beispiel führt er dann die Heirat des Dogen Pietro IV. Candiano (959—976) mit Walderada, der Tochter des Markgrafen Hugo von Toskana an. Und wirklich berichten von ihr die Chronisten Johannes Diaconus[2]) und Andreas Dandolo[3]) übereinstimmend, daß sie eine sehr reiche Mitgift, in Gestalt ausgedehnter Güter mit vielen Knechten und Mägden, ihrem Manne zubrachte, so daß dieser sich fremde Söldner aus dem Königreich Italien hielt, um seine Schätze zu hüten. Da war also vielleicht die Möglichkeit gegeben, beträchtliche Landrenten in Venedig zu kapitalisieren. Indes hatte die Geschichte leider noch ein Nachspiel, das keineswegs geeignet war, die venezianische Kapitalkraft zu heben, sondern vielmehr schon nach sehr kurzer Zeit diese Reichtumsquellen versiegen ließ. Der Doge Peter machte sich nämlich durch seine tyrannische Härte mißliebig und wurde 976 nebst seinem kleinen Sohn in einem Aufstand ermordet. Der Dogenpalast, die Markuskirche und über 300 Häuser gingen in Flammen auf[4]). Seine Gemahlin Walderada flüchtete zur Kaiserin Adelheid und erhielt nicht nur alle ihre Landgüter zurück, sondern reklamierte auch noch ihre Morgengabe und das Erbe ihres getöteten Söhnchens[5]). Die Venezianer sahen sich durch die Machtstellung des Kaisers, die dieser ihnen leicht fühlbar machen konnte, zur Nachgiebigkeit gezwungen und leisteten vollen Schadensersatz für alle beim Brande des Palastes vernichteten Vermögensstücke; die Mittel hierzu brachte eine außerordentliche Steuer auf, die in der Form des Zehnten von den Nobili oder einem Teil derselben erhoben wurde[6]). Die „glückliche" Heirat ihres Dogen brachte den Venezianern also eher eine Kapitalausfuhr als -zufuhr. — Es ist dies übrigens der einzige

---

[1]) A. a. O. I, p. 317.
[2]) p. 138.
[3]) Col. 209.
[4]) Joh. Diac. p. 139.
[5]) Dandolo col. 211. Urkunde von 976 bei Ficker, Urkunden zur Reichs- und Rechtsgeschichte Italiens (1874) p. 38 ff.
[6]) Vgl. Romanin a. a. O. I, p. 253 u. 378.

— 21 —

uns bekannte Fall, wo das Vermögen vornehmer venezianischer Familien im frühen Mittelalter durch Heirat erheblichen Zuwachs an immobilem Besitz hätte erfahren können [1]).

Auf einem Mißverständnis beruht es ferner, wenn Sombart den gewiß sehr reichen Patriarchen Popo von Aquileja im 11. Jahrhundert nach Venedig übersiedeln und dort seine Landrenten monetarisieren läßt [2]). Seevenetien hatte doch seit der ältesten Zeit einen eigenen Patriarchen, der neben seinem Kollegen in Aquileja fortbestand. Popo insbesondere hätte sich sehr gehütet, nach Venedig zu kommen, mit dem er ja wegen der Annexion der Besitzungen von Grado in bitterster Feindschaft lebte [3]). Die Folgen dieser Umwälzungen waren ganz im Gegenteil die, daß der venezianische Patriarchensitz seiner bisherigen Einkünfte aus Landbesitz beraubt wurde, so daß ihm neue Einnahmequellen zugewiesen werden mußten, wie wir nachher noch genauer sehen werden [4]). Also auch dieser Vorgang konnte nur eine Schwächung des venezianischen Nationalreichtums herbeiführen, indem die ehemaligen Landrenten Grados nach anderen Orten abströmten.

Aber dies soll nur zur Berichtigung der von Sombart zitierten Tatsachen dienen, und nicht etwa in Abrede gestellt werden, daß sich schon früh venezianischer Landbesitz nachweisen läßt. So macht auch Sombart auf die praesidia und possessiones der Venezianer im Gebiet von Ravenna um 790 aufmerksam [5]), womit allerdings vielleicht Landgüter gemeint sind. Er hätte sodann noch den Schutzbrief anführen können, den sich 803 der Patriarch Fortunatus für seine Ländereien in Istrien, Romandiola und Langobardien von Karl dem Großen ausstellen ließ [6]). Desgleichen erhielt der Episkopat von Tor-

---

[1]) Die zweite Heirat, auf die Sombart, selbst zweifelnd, mit Berufung auf Leo p. 317 hindeutet, ist natürlich identisch mit der ersten. Leo behandelt irrtümlicherweise Peter III. und Peter IV. aus dem Hause Candiano als eine und dieselbe Person.
[2]) I, p. 317 f.
[3]) Dandolo col. 238 f.
[4]) Cecchetti, Il doge di Venezia 1864, p. 232 f. Dandolo col. 248.
[5]) Jaffé, Monumenta Carolina 1867, p. 276 n. 94.
[6]) Bei Ughelli, Italia sacra (1673) V, p. 1181—1182.

cello eine ähnliche Besitzbestätigung von demselben Kaiser[1]). Der 829 verstorbene Doge Giustiniano Particiaco besaß 15 Landgüter beim Kloster S. Ilario am Rande der Lagune, sowie zahlreiche Weingärten, Wiesen, Felder, Wälder, Herden von Pferden, Rindern und Schweinen, Seen mit Wassermühlen und Schiffen, Jagd- und Fischereigerechtigkeiten etc.[2]). Es ließen sich noch manche andere Beispiele beibringen.

Die weitere Frage ist aber die: war es überhaupt möglich, aus diesen Landrenten ein Vermögen anzusammeln, das später als Handelskapital dienen konnte? Wobei wir noch die nicht mehr beweisbare Voraussetzung machen müssen, daß die Venezianer schon seit den ältesten Zeiten Ländereien auch auf dem Festlande besessen haben. Die Einkünfte aus solchem Landbesitz bestanden, wie aus vielen Urkunden ersichtlich, selbstverständlich fast ausschließlich in Naturalien. Einige Fälle dieser Art haben wir schon oben zitiert. Die Abgaben der Chioggioten an den Palast wurden z. B. 912 normiert auf jährlich 60 Hühner, 2 Kähne voll Heu und 2 mancosi[3]). Die Istrier leisteten einen Tribut von 100 Amphoren Wein im Jahr[4]). In dieser Form konnte man also unmöglich seine Schätze aufspeichern, falls sie den eigenen Konsum einmal hätten übersteigen sollen. Man hätte sie also zum Teil verkaufen müssen. Wie aber war das möglich in einer Zeit, da die Geldwirtschaft noch so wenig entwickelt war? Bedarf an fremdem Wein, Getreide oder Heu hatte man wohl weder im benachbarten Istrien noch in der Lombardei, wo man doch diese Nahrungsmittel selber in genügender Menge produzierte, und andere Gegenden kamen für einen solchen Export gar nicht in Betracht.

In der Tat gibt es auch nicht den leisesten Anhaltspunkt für den Verkauf von Landrenten, sondern wir erfahren im Gegenteil, daß diese Naturaleinkünfte zum eigenen Unterhalt

---

[1]) Marin a. a. O. I, p. 279.
[2]) Vgl. das Testament a. a. O.
[3]) Floria a. a. O. p. 41 ff.
[4]) Tafel und Thomas, Urkunden zur älteren Handels- und Staatsgeschichte der Republik Venedig. In den Fontes rerum Austriacarum II, 12, p. 5 ff.

der Inselbewohner dienten. Es ist kein Zufall, daß gerade diejenigen öffentlichen Organe im Besitze größerer Ländereien erscheinen, die für eine größere Zahl von Untergebenen zu sorgen hatten: der Dukat, der Patriarchat und die verschiedenen Episkopate. So heißt es in dem schon genannten fragmentarischen Stiftungsinventar des Fortunatus, daß dieser einem neu gegründeten Kloster eine jährliche Rente von 100 Scheffeln Korn zusicherte. Anderen Klöstern und Kirchen ließ er ihren Bedarf an Pferden, Wolle, Getreide, Wein, Leinen, Hanf, Leder u. s. w. ebenfalls in natura zukommen.

Endlich aber dürfen wir das Wichtigste nicht außer acht lassen, daß nämlich schon deshalb die Venezianer keinen Verkauf agrarischer Produkte hätten vornehmen können, weil sie selber einen starken Import an Lebensmitteln dringend benötigten. Venedigs ökonomische Existenz hing geradezu von der Verbindung mit seinem Hinterlande zur Beschaffung der notwendigen Subsistenzmittel ab, für die ja die Eigenproduktion der Lagune auf ihren schmalen Lidi und winzigen Inseln bei weitem nicht ausreichte. So berichtet uns Liutprand in seinem Gesandtschaftsbericht[1]) ausdrücklich, daß die Venezianer in erster Linie Viktualien gegen die Erzeugnisse des Ostens auf den fränkischen Märkten eintauschten. Aus späterer Zeit, seit der zweiten Hälfte des 12. Jahrhunderts, sind uns verschiedene behördliche Erlasse erhalten, die sich eingehend mit der regelmäßigen Verproviantierung der Stadt mit Getreide, getrocknetem Fleisch u. s. w. beschäftigten[2]). Die überaus energische und radikale Wirkung, welche die weiter unten zu besprechenden Handelssperren, die mehrmals über Venedig verhängt wurden, stets ausübten, muß zum guten Teil auf das Konto dieser Unselbständigkeit des Staates in einem so wichtigen Punkte gesetzt werden. In richtiger Erkenntnis der Sachlage schreibt schon ein unbekannter Chronist des 10. Jahrhunderts: Nostrum

---

[1]) Mon. Germ. SS. III, p. 359.
[2]) Urkunde von 1173 bei Papadopoli a. a. O. p. 307 ff. Vgl. auch Lenel, Entstehung der Vorherrschaft Venedigs an der Adria 1897, p. 45. Die venezianischen Gesandten 1198 bei Innozenz III. nennen Venedig eine Stadt: quae non agriculturis inservit, sed navigiis potius et mercimoniis est intenta. Tafel und Thomas I, p. 234 f.

navigium, quod sumus habentes per mundum, nos peragendum est nostra in necessitate victualie habendum [1]). Man zog nur die praktischen Konsequenzen aus dieser Situation, wenn man später (1145) in Istrien einen Bannkreis für Getreide und Gemüse aller Art aufrichtete, der ausschließlich für die Versorgung Venedigs dienen sollte, so daß jeder Verkauf an Fremde streng verboten war [2]).

Wir sehen, auf diesem Wege konnten in Venedig schwerlich große Reichtümer angehäuft werden. So bleibt denn nur der Handel als einzig bedeutende Erwerbsquelle übrig, der schon seit den ältesten Zeiten so innig mit dem Leben der Inselbewohner verflochten war und in der Tat ihr wichtigstes Existenzmittel bildete. Ihn zu fördern war die in den Lagunen von jeher heimische Salzproduktion ein höchst bedeutsamer Faktor. „Die venezianischen Salinen (nun) sind es," bemerkt L. M. Hartmann, „die untrennbar mit der Erhebung Venedigs auf eine höhere wirtschaftliche Stufe verbunden sind, weil sie den Export und durch ihn den Eintausch anderer Waren, höhere Bedürfnisbefriedigung und Entstehung von Handelskapital ermöglichten" [3]).

Schon Cassiodor berichtet uns in seinem Briefe, daß die venetischen Schiffe immensa spatia durchfuhren, so daß also bereits im 6. Jahrhundert ihr Handel größere Dimensionen angenommen haben muß. Zunächst ein Wort über die Reederei. Vor allem spielten die häufigen Transportfahrten im Dienste von Byzanz eine große Rolle. Sie versorgten Ravenna mit Weizen, Öl und Wein aus Istrien. Dazu kamen ihre wichtigen Leistungen im Kriegsfalle. Ihre Barken standen den Truppen Belisars bei seinen Operationen um Ravenna zur Verfügung; auf venezianischen Schiffen setzte das gewaltige Heer des Narses von Norden her über die Lagunen, und noch lange fand dies Ereignis in sagenhaften Erzählungen seinen Nachhall [4]).

---

[1]) Chron. Altin. p. 46.
[2]) Tafel und Thomas I, p. 105. Urkunde vom Dezember 1145.
[3]) Anfänge Venedigs p. 435.
[4]) Chron. Altin. p. 44 ff. Joh. Diac. p. 60. Procop, Gotenkrieg Lib. IV, cap. 26.

Bis gegen Ende des 6. Jahrhunderts lag noch eine byzantinische Besatzung in Grado, wie aus Votivinschriften in der dortigen Kathedrale S. Eufemia noch heute zu entnehmen ist[1]). Dort ankerte auch die byzantinische Flotte. Später aber entwickelte sich die venezianische Marine zu einer selbständigen Seemacht, die eine wichtige Bundesgenossin für den Exarchen in Ravenna wurde. Daß die Venezianer ihre Hilfe nicht umsonst liehen, liegt auf der Hand. Weitgehende Handelsprivilegien und wohl zuweilen direkte Geldentschädigungen waren ihre Belohnungen, wie auch Amalfi ungefähr gleichzeitig sich vom Papst Unterstützungsgelder zahlen ließ[2]). Im Jahre 727 sehen wir zum ersten Male die Flotte Venedigs eine größere Unternehmung glücklich zu Ende führen. Der Langobardenkönig Liutprand hatte Ravenna erobert und der Exarch Eutychius kam hilfesuchend nach Venetien. Die Venezianer folgten der Aufforderung und überrumpelten mit ihrer Flotte die Langobarden in Ravenna, so daß der Exarch in Kürze wieder seinen Sitz dort nehmen konnte[3]). Auch in der Folgezeit nahmen die oströmischen Kaiser die Galeeren Venedigs zum Kampfe gegen die Sarazenen und dann die Normannen häufig in Anspruch.

Doch wenden wir uns jetzt von der Reederei dem eigentlichen Handel zu, der sich auf eine so tüchtige Flotte stützen konnte. Schon durch seine Lage war Venedig prädestiniert, eine Vermittlerrolle zu spielen zwischen Orient und Okzident. Auf der Landseite vermittelten zahlreiche bequeme Wasserwege den Verkehr mit dem Binnenland und den wichtigen Alpenpässen: die Brenta, die Etsch und vor allem der Po, der gleich bis zu dem großen Emporium Pavia führte, wohin die Kaufleute aus Frankreich und Westdeutschland kamen, um die Produkte der Levante einzukaufen. Zu statten kamen Venedig ferner seine guten Beziehungen mit Byzanz, zu dem es ja rechtlich noch lange gehörte, so daß die Venezianer gleich von Anfang an im Ostreich die gleiche Stellung wie die Unter-

---

[1]) Filiasi, Memorie storiche dei Veneti primi e secondi VII, p. 17.
[2]) Camera, Storia d'Amalfi I (1876), p. 114 ff.
[3]) Joh. Diac. p. 95.

tanen einnahmen und später sogar diese durch ihre besonderen Privilegien ganz vom Handel verdrängten. Der erste Ort, dessen Erbschaft Venedig antrat, war Ravenna, das in den letzten Jahrhunderten fast allein den Verkehr mit dem Orient aufrecht erhalten hatte, aber nach seiner Eroberung durch die Langobarden 751 schnell in Verfall geriet.

Nach Pavia also brachten die venetischen Kaufleute einen großen Teil der Erzeugnisse des Ostens schon im 8. Jahrhundert, wie wir aus der bekannten Erzählung des St. Gallener Mönches wissen: tyrischen Purpur, Seidenstoffe mit Vogelfiguren bestickt, Gewebe mit Hermelinbesatz [1]. Aber auch Pfeffer wird in Venedig schon früh erwähnt, der vermutlich aus Alexandria kam [2]. Als abendländische Produkte brachte man hauptsächlich friesische Tücher, Bauholz, Eisen und Waffen [3]. Letztere Waren gingen in erster Linie nach den sarazenischen Ländern, nach Syrien und Ägypten, wo es ja an Holz und Metallen fehlte. Gegen diesen Handel richtete sich auch das Verbot des byzantinischen Kaisers, das zwischen 814 und 820 erlassen und den Venezianern besonders eingeschärft wurde: jeder Verkehr mit den mohammedanischen Staaten wurde strengstens untersagt [4]. Da zeigt sich uns, wie innig sich bereits diese Beziehungen ausgestaltet hatten. Denn diesem Verbote ging es wie alle den späteren, die noch ein halbes Jahrtausend lang von Zeit zu Zeit in diesem Sinne ergingen: sie wurden nicht beachtet oder umgangen. Nämlich 829 bereits sind venezianische Kaufleute wieder in Alexandria, wohin sie wider ihren Willen der Wind getrieben haben soll. Sie holten dort die berühmten Reliquien des hl. Markus und brachten sie nach Venedig, wo sie fortan dem Nationalheiligtum der Stadt Namen und Weihe gaben [5]. — Es ist bezeichnend, daß gerade das schon erwähnte Testament des Dogen Giustiniano Particiaco, welches ein Jahr später, 829, abgefaßt

---

[1] Jaffé, Mon. Carol. p. 694 f.
[2] Codice padov. diplom. n. 11.
[3] W. Heyd, Geschichte des Levantehandels im Mittelalter (1879), I, p. 123.
[4] Dandolo col. 167.
[5] Ibidem col. 170 f.

ist, seine Beteiligung am Seehandel aufs deutlichste dokumentiert. Denn der Doge spricht da von 1200 £ Denaren, deren Rückkunft von einer Seefahrt er erwartet. Das ist doch ein deutlicher Fingerzeig dafür, auf welchem Wege er seine Reichtümer erworben hatte. Ebenso hatte sein Zeitgenosse, Patriarch Fortunatus, vier eigene Schiffe auf dem Meere schwimmen, für die er von Karl dem Großen völlige Zollfreiheit für sich und seine Nachfolger erwirkte [1]). Bei vielen der oben aufgezählten Kunstgegenstände bemerkt er besonders, daß er sie persönlich in Konstantinopel eingekauft habe.

Auch mit der Küste des Magreb stand Venedig schon damals in Verbindung. Denn bereits ums Jahr 800 machen sarazenische Gesandte die Fahrt von Afrika nach Sizilien in venezianischen Schiffen [2]). Daß Unteritalien fleißig besucht wurde, bedarf da eigentlich keines besonderen Beweises. So werden bald nach 830 Venezianer, die auf der Rückfahrt von einer Handelsreise nach Benevent begriffen sind, von den slavischen Piraten aus Narrenta überfallen und beinahe sämtlich getötet [3]).

Es ist begreiflich, daß bei diesem lebhaften Verkehr das Streben der venezianischen Machthaber auf den Abschluß möglichst vorteilhafter Handelsverträge gerichtet sein mußte, zumal sie selber dabei gewöhnlich am meisten interessiert waren. So ist es sehr wahrscheinlich, daß schon das Paktum, welches zu Beginn des 8. Jahrhunderts Liutprand mit Doge Paulutius über die Grenzregulierung abschloß, einige Bestimmungen über den Handelsverkehr enthielt. Fanta nimmt an, daß dieser damals den Venetern nur in den nächstgelegenen Städten des langobardischen Reichs gestattet worden sei: in Cividale del Friuli, Ceneda, Treviso, Vicenza und Monselice [4]).

Mit dem Frankenreich wurde 812 oder 813 ein ähnlicher Vertrag abgeschlossen; doch der erste uns im Wortlaut er-

---

[1]) Codice dipl. istriano ed. Kandler, a. 805.
[2]) Jaffé a. a. O. p. 326 f.
[3]) Joh. Diac. p. 112.
[4]) Fanta, Die Verträge der Kaiser mit Venedig bis zum Jahr 983 (aus dem Ergänzungsheft d r „Mitteilungen des Instituts f. österreich. Geschichtsforschung", I. Band, 1. Heft 1885) p. 22.

haltene stammt aus dem Jahre 840 und kam zwischen Venedig und Kaiser Lothar zu stande [1]). Hier wurde den Venezianern der Handel in einer großen Zahl von Städten im regnum erlaubt, sie wurden von allen Zöllen und Abgaben außer den Landungs- und Fährgeldern befreit, welche allein in der üblichen Höhe erhoben werden sollten. Den kaiserlichen Untertanen wurde gleichfalls der Handel auf dem Meere gestattet. Das Abkommen gab außerdem noch detaillierte Bestimmungen über den Grenzverkehr, Auslieferung von Gefangenen und Überläufern, Pfändung und die Weidegerechtigkeiten einiger Gemeinden in der Lagune auf der terra ferma. Vorläufig wurde es nur auf die Dauer von fünf Jahren abgeschlossen und in diesen Zwischenräumen regelmäßig wiederholt.

Es beruhte dieser Vertrag auf dem Prinzip der kommerziellen Gleichberechtigung beider Parteien. Und in der Tat wurde Venedig im 9. Jahrhundert von Kaufleuten aus dem imperium regelmäßig besucht. So erzählt in den Fuldenser Annalen der Chronist zum Jahre 860, daß der Winter damals so streng gewesen, daß das jonische Meer gänzlich zugefroren und die Kaufleute deshalb ihre Waren zur Stadt Venedig, anstatt wie sonst in Schiffen zu bringen, zu Pferde auf Wagen herbeigeschafft hätten, was vorher niemals vorgekommen sei [2]).
— Bald darauf wurde die Handelsfreiheit der Venezianer auf ganz Italien ausgedehnt, wie uns schon das nächste erhaltene Paktum von Karl III. (880) zeigt; gleichzeitig wurde es dahin erweitert, daß alle im regnum weilenden Venezianer der Gewalt des Dogen nicht entzogen werden sollten. Letzterer bedang sich für seine Person und seine Erben völlige Abgabenfreiheit aus, während seine Untertanen noch immer die telonaria und ripatica im herkömmlichen Betrage entrichten mußten [3]). Man sieht, das Oberhaupt des Staates war zugleich der größte Kaufmann.

In diesem Sinne ging die Entwicklung weiter. Der Vertrag mit König Berengar vom 7. Mai 888 setzte als Maximalgrenze

---

[1]) Mon. Germ. Leg. Sect. Cap. Reg. Franc. II, p. 130 ff.
[2]) Rudolfi, Ann. Fuld. Mon. Germ. SS. I, p. 373.
[3]) Mon. Germ. Leg. Sect. Cap. Reg. Franc. II, p. 138 ff.

für das ripaticum $2^1|_2$ Proz. des Wertes fest, da wohl bei der früheren ungenauen Fassung Überforderungen vorgekommen sein mögen. Dagegen versprachen die Venezianer eine jährliche Tributzahlung von 25 £ Pavienser Denare[1]). In der Besitzbestätigung des Kaisers Guido drei Jahre später, 20. Juni 891, wird die Abgabenfreiheit für den jeweiligen Inhaber des Dogenamtes schlechthin stipuliert[2]). Auch die folgenden Abkommen mit den italienischen Königen von 924 und 927 zeigen, daß der Doge für seine persönlichen kommerziellen Vorrechte fast noch besorgter war, als für die des ganzen Gemeinwesens. Ausdrücklich ließ er die Zollbefreiung auch für die Handlungen seiner Bevollmächtigten bestätigen, die in seinem Interesse Geschäfte abschlossen[3]). Dann verschwindet aber die Ausnahmestellung des Dogen; dagegen wird der Vertrag von Otto I. am 2. Dezember 967 auf ewige Zeiten, anstatt nur auf fünf Jahre, ausgedehnt. Als jährlichen Tribut müssen die Venezianer nunmehr 50 £ Denare und ein Pallium an den Kaiser bezahlen, was als Entgelt für die ihnen gewährten Vergünstigungen bezeichnet wird[4]). Die folgenden Verträge bringen für die nächsten 100 Jahre nichts wesentlich Neues; darum wollen wir an dieser Stelle hiermit abbrechen und uns der anderen, interessanteren Seite des venetischen Handels zuwenden, die nach dem Orient gerichtet war.

Einen hübschen Beitrag zu seiner Charakteristik im 10. Jahrhundert verdanken wir Liutprand, dem Bischof von Cremona. Im Jahre 949 wurde er zu einer Gesandtschaftsreise nach Konstantinopel an den Kaiserhof beordert. In 3 Tagen legte er die Fahrt von Pavia nach Venedig auf dem Po zurück. Von dort fuhr schon damals, wie noch Jahrhunderte später, das Geschwader für Konstantinopel Ende August, diesmal war es der 25., ab. Ihm schlossen sich natürlich auch die Passagiere an. In 24 Tagen (am 17. September) langte Liutprand in Byzanz an[5]). Daß in der Tat ein ununterbrochener Verkehr

---

[1]) Ibidem p. 143 ff.
[2]) Ibidem p. 147.
[3]) Ibidem p. 148 ff., 150 f.
[4]) Ibidem p. 32 ff., besonders die §§ 11 u. 23.
[5]) Mon. Germ. SS. III, p. 337.

in periodischen Fahrten zwischen Venedig und Byzanz bestand, beweist der Umstand, daß die Venezianer die regelmäßige Briefbeförderung zwischen dem westlichen [1]) und östlichen Kaiserreich besorgten, welche 960 aus nicht klar erkennbaren Gründen untersagt wurde [2]). — Noch interessanter sind die Einzelheiten, die uns der Bischof von seiner zweiten Gesandtschaftsreise nach Konstantinopel 968 mitteilt. Wir erfahren da von der strengen Kontrolle, der die von den Venezianern und Amalfitanern auszuführenden Waren unterworfen waren. Die Ballen wurden von den Hafenbeamten geöffnet und untersucht; war alles in Ordnung, so wurden sie plombiert und freigelassen. Verboten aber war vor allem die Ausfuhr der kostbaren Brokate und Goldstoffe, die in den Gynäceen von Konstantinopel verfertigt wurden. Man hielt allein die Byzantiner solch herrlicher Dinge für würdig, und schwere Leibesstrafen drohten dem Übertreter des Exportverbots. Das vermochte indessen nicht, die Kaufleute der genannten Städte von dem Schmuggel dieser Stoffe abzuschrecken, wie Liutprand den anmaßenden Reden der kaiserlichen Hofleute höhnisch entgegenhielt [3]). Man wußte die Kontrolle zu umgehen oder milder zu stimmen.

Nächst Byzanz wurden die sarazenischen Länder am meisten von den Venezianern frequentiert. Nach Syrien, Ägypten und dem Magreb herrschte ein lebhafter Export von Holz und Waffen, wogegen man die Produkte dieser Gegenden und die vielbegehrten Spezereien Indiens eintauschte. Es ist leicht verständlich, wie diese handgreifliche Unterstützung ihrer erbittertsten Feinde die Byzantiner aufbringen mußte. So wurde ja schon, wie erwähnt, zu Anfang des 9. Jahrhunderts vom Kaiser ein Verbot dieses Handels erlassen. Aus dem Jahre 971 ist uns die Wiederholung eines solchen im Wortlaut erhalten [4]).

Das Edikt ging vom Dogen und der Ratsversammlung aus, veranlaßt durch laute Beschwerden und heftige Drohungen der

---

[1]) Italien, Bayern und Sachsen werden namentlich genannt.
[2]) Tafel u. Thomas I, p. 21.
[3]) Mon. Germ. SS. III, p. 359.
[4]) Tafel und Thomas I, p. 25 ff.

griechischen Gesandten, daß ein jedes mit Konterbande ertappte Schiff verbrannt werden würde. Streng untersagt wurde jeder Verkauf von Schiffsbauholz an die Sarazenen sowie von Waffen, nämlich: Panzern, Schilden, Schwertern, Lanzen und anderer Schutz- oder Angriffswaffen. Alle größeren Stücke Holz, die sich irgendwie zu Kriegszwecken eigneten, wie Ulmenstämme, Balken, Bretter, Ruder und Stangen wurden verboten; gestattet dagegen Bretter aus Eschen- und Pappelholz, doch nicht über fünf Fuß lang und anderthalb breit; sodann hölzerne Schalen, Näpfe etc. Die Strafe für Übertretung dieser Vorschriften wurde auf 100 Pfund Gold festgesetzt, im Unvermögensfalle Todesstrafe.

Kurz ehe der kaiserliche Gesandte in Venedig eintraf, waren drei Schiffe mit solchen verbotenen Artikeln beschlagnahmt worden, von denen zwei nach El-Mehdia in Tunis und eines nach Tripolis segeln wollte. In Anbetracht der Armut dieser Leute, heißt es in dem Dekret, wurde die Strafe nicht gegen sie zur Anwendung gebracht, sondern ihre Ladung nur auf die zulässigen Ausfuhrgegenstände reduziert.

Trotz all dieser Beschränkungen aber entwickelte sich der Handel mit den islamitischen Staaten immer lebhafter; von Pietro II. Orseolo erzählt Chronist Johannes[1]), daß er an alle sarazenischen Fürstenhöfe Gesandte schickte, um günstige Handelsbedingungen zu erlangen. W. Heyd vermutet hierunter die Herrschersitze von Haleb, Damaskus, Kairo, Kairewan und Palermo[2]).

Von demselben Dogen wurde im März 991 mit Byzanz der erste Handelsvertrag abgeschlossen[3]). Es darf nicht befremden, daß relativ spät erst die Beziehungen zu dem griechischen Reiche vertraglich geregelt wurden. Denn Venedig galt ja als ein integrierender Bestandteil des byzantinischen Staates, seine Einwohner genossen Untertanenrechte und ein besonderes Abkommen war deshalb ganz überflüssig. Daß dem jetzt nicht mehr so war, ist ein Zeichen der beginnenden Loslösung und Verselbständigung des Inselstaates. — Es hatten sich bei

---

[1]) p. 149.
[2]) A. a. O. I, p. 127.
[3]) Tafel und Thomas I, p. 36 ff.

der Besteuerung der venezianischen Schiffe in Konstantinopel Mißstände herausgestellt, die eine Beseitigung dringend erheischten. Bei der Einfahrt in den Hafen wurde pro Schiff eine Steuer in festem Satz erhoben, dessen Höhe ursprünglich 2 Solidi war. Die Zollbeamten aber wußten vielfach diesen Satz bis auf 30 Solidi hinaufzuschrauben. Die Goldbulle des Basilios und Konstantinos ordnete nunmehr an, daß wie früher nur 2 Solidi für die Fahrt von Abydos nach Konstantinopel zu erheben seien; bei der Rückfahrt dagegen 15 Solidi, entsprechend der dann wertvolleren Ladung des Schiffes. Die Zollabfertigung wurde den unteren Beamten genommen und in die Hand des Logotheta gelegt. Gfrörer[1]) macht zu dieser ziemlich rohen Art der Besteuerung die treffende Bemerkung, daß sie ein mächtiger Hebel zur Förderung der venezianischen Reederei werden mußte, indem sie wie eine Prämie auf den Bau größerer Schiffsgefäße wirkte. — Weiter bestimmt die Bulle, daß kein venezianisches Schiff, welches im Begriffe abzufahren stände, länger als drei Tage solle aufgehalten werden. Daß die Venezianer sich mit diesen Vergünstigungen wirklich eine bevorzugte Stellung errangen, beweist am besten der folgende Passus: Kein venetisches Schiff solle sich unterstehen, Amalfitaner, Juden, Barenser oder andere Langobarden an Bord zu nehmen und ihnen so den Genuß derselben Privilegien zu verschaffen. Nach wie vor blieb für die Venezianer die Verpflichtung bestehen, den oströmischen Kaisern ihre Flotte im Notfall zur Verfügung zu stellen, bezw. Transportschiffe für die kaiserlichen Truppen als Entgelt für die ihnen gemachten Zugeständnisse.

Wir haben jetzt noch die Besprechung eines hervorragenden Handelsgegenstandes nachzuholen, den wir bisher absichtlich übergangen hatten, weil seine Bedeutung wohl eine gesonderte Behandlung rechtfertigt. Nämlich einen sehr wichtigen und jedenfalls recht gewinnbringenden Zweig des venezianischen Handels bildete der Sklavenhandel. In dem Maße, wie die Venezianer die Griechen allmählich ganz vom Handel verdrängten und sich an ihre Stelle setzten, übernahmen sie

---

[1]) Byzantinische Geschichten I, p. 364.

auch den Vertrieb dieses wichtigen, besonders von Byzantinern und Sarazenen begehrten Artikels. Das Material dazu lieferten vor allem die südlichen slavischen Gegenden; Pola an der Südspitze Istriens wurde ein Hauptsklavenmarkt[1]). Um die Mitte des 8. Jahrhunderts erschienen venezianische Sklavenhändler[2]) in Rom und kauften eine große Menge von Personen männlichen und weiblichen Geschlechts, um sie an die Sarazenen in Afrika zu verschachern[3]). Als der Papst Zacharias davon hörte, zahlte er das Lösegeld und ließ sie frei. Karl der Große bemühte sich nach Kräften, durch gesetzgeberische Maßregeln dem Unwesen zu steuern. Er verbot den Verkauf selbst unfreier Leute außer Landes; die Strafe sollte die gleiche sein wie für den Mord. In gleicher Weise sollte gebüßt werden, wer einen Menschen kastrierte[4]). Wahrscheinlich im Zusammenhang mit diesen Verboten erfolgte 788 die Vertreibung der venezianischen Händler aus dem Gebiet von Ravenna und der Pentapolis[5]). In den Verträgen Venedigs mit dem regnum im 9. uud 10. Jahrhundert bildete eine unveränderliche Bestimmung die Verpflichtung, „keine christlichen Menschen aus der Gewalt und der Herrschaft des Frankenreichs weder zu kaufen noch zu verkaufen, und vor allem keinen Christen den Heiden in die Hände zu liefern; wer dabei ertappt wird, verliert all sein Hab und Gut. Wer einen Menschen zum Eunuchen macht, soll das gleiche Schicksal erleiden." Alle diese wiederholten Erlasse beweisen nur ihre Wirkungslosigkeit.

Nach wie vor fuhr man in Venedig fort, die sarazenischen Länder und den byzantinischen Hof mit Sklaven und insbesondere Verschnittenen zu versorgen. Leo[6]) nennt Venedig die größte Kastratenfabrik der damaligen Welt und Gfrörer[7])

---

[1]) Siehe die gleich zitierte Urkunde von 970.
[2]) Leo (I, 224) bezieht schon einen Erlaß Liutprands vom Jahr 723 (Mon. Germ. Leg. IV, p. 127) auf den venezianischen Sklavenhandel.
[3]) Anastas. bibl. bei Murat. SS. III, col. 164.
[4]) Leo, Geschichte von Italien I, p. 225.
[5]) Cenni, Monumenta pontificum (1760), I, p. 459. Vgl. Langer, Sklaverei in Europa (1891), p. 14.
[6]) A. a. O. I, p. 224.
[7]) Op. cit. I, p. 274.

spricht die Vermutung aus, daß die aus mehreren Tausend ungarischer Sklaven bestehende Leibwache des Kalifen von Kordova den Weg über Pola und Venedig gemacht habe. Ja, das Wort „Sklave" in seiner heutigen Bedeutung nahm höchstwahrscheinlich damals in Venedig seinen Ursprung[1]). Schon im 10. Jahrhundert bedeutet schlavus sowohl Slave als Sklave; der Eigenname war zum Gattungsbegriff geworden. Sonst bezeichnet den Sklaven als Handelsobjekt mancipium, während in Venedig servus der Hörige im Haushalt des Herrn und colonus der schollenpflichtige Bauer genannt wird.

Auch die Dogen bemühten sich, wenigstens scheinbar, den Sklavenhandel einzuschränken. So berichtet Andreas Dandolo zum Jahre 876[2]): Quo tempore mercatores Veneti lucri cupidi a piratis et latrunculis mancipia comparabant et transfretantes de eis commercium faciebant: cui manifesto facinori duces obviare dispositi una cum Clero et Populo Venetiarum pie decreverunt, ne quis de mancipiis commercium faciat, vel in navibus recipiat, imponentes graves poenas contrafacientibus.

Das Verbot wurde vielleicht 945 wiederholt[3]), doch ist uns erst vom Jahre 970 die Urkunde im Wortlaut erhalten[4]). Wir wollen einen kurzen Blick auf die Bestimmungen werfen. Nach der üblichen Einleitung und dem allgemeinen Verbot des Menschenhandels als sündhaft, geht das Dekret zu Einzelheiten über: 1. Kein angesehener oder geringer Kaufmann darf Sklaven zum Zweck des Wiederverkaufs kaufen noch durch andere kaufen lassen. 2. Kein Nauklerus eines venezianischen Schiffes darf Sklaven an Bord dulden, einerlei, ob er von Venedig, Istrien, Dalmatien oder sonst einem Orte ausläuft, noch darf er einen Sklavenhändler oder Juden (die diesen Handel mit Vorliebe betrieben zu haben scheinen) mitnehmen. 3. Kein Venezianer darf durch einen Griechen auf seine Rechnung Sklaven einkaufen lassen; anderseits darf er auch nicht selber im Auftrag eines Griechen Sklaven einkaufen oder das Geld dazu sich geben lassen. 4. Kein Venezianer darf von Pola

---

[1]) Langer a. a. O. p. 7.
[2]) col. 186.
[3]) Tafel und Thomas I, p. 16.
[4]) Ibidem p. 19 ff.

aus Sklaven nach Romanien oder sonstwohin transportieren. — Bis dahin zeigt das Edikt einen entschiedenen Charakter und scheint den ernstlichen Willen zu haben, dem Sklavenhandel energisch ein Ende zu machen, zumal am Schlusse der Urkunde mit schweren Strafen an Gut, Leib und Leben für die Zuwiderhandelnden gedroht wird, ganz abgesehen von der kirchlichen Vergeltung, die der Patriarch im Diesseits und Jenseits in Aussicht stellt. Aber vorher noch schließen sich an die Verbote gleichsam in Parenthese drei Ausnahmen an. Zunächst ganz harmlos: der Transport von Sklaven zum Zwecke ihres Loskaufs ist gestattet. Erlaubt ist er aber auch zweitens im Interesse des Vaterlandes, damit diesem kein Schaden erwachse, und drittens im Auftrage des Dukats. Das waren nun etwas dehnbare Begriffe, deren Elastizität die Venezianer wohl kaum verfehlt haben werden, richtig auszunutzen. Wenn man etwa der zweiten Ausnahme die Auslegung gab, daß eine Schädigung der heimischen Volkswirtschaft nicht eintreten dürfe, so war also der Sklavenhandel allemal dann gestattet, wenn er Gewinn brachte.

Jetzt noch ein Wort über die Bedeutung des venezianischen Handels für die Existenz des Staates. Wie weit ein Gemeinwesen bereits in den Handelsverkehr mit seinen näheren und entfernteren Nachbarn verflochten ist, erkennt man am besten dann, wenn es plötzlich durch Maßregeln irgend welcher Art ganz oder teilweise von seinen Handelsverbindungen abgeschnitten wird und sich somit isoliert ganz auf sich selbst angewiesen sieht. Solcher Handelssperren hat Venedig bis Ende des 10. Jahrhunderts mehrere durchzumachen gehabt, die sich immer für seine Gegner als eine sehr wirksame Waffe gegen die sonst schwer angreifbare Lagunenstadt erwiesen und fast stets zum Ziele führten. Anderseits war auch die Republik sich wohl bewußt, welche Gegenden ausschließlich auf ihre Einfuhr angewiesen waren, und benutzte besonders ihr Salzmonopol, um auf nicht gefügige „Geschäftsfreunde" einen Druck auszuüben.

Es ist wahrscheinlich[1]), daß schon Karl der Große ums

---

[1]) Fanta a. a. O. p. 23.

Jahr 788 den Handel mit Venedig in seinem Reiche untersagte, um so die Venezianer zu zwingen, sich seinen Befehlen gefügiger zu erweisen, gleichsam als eine Vorbereitung zu dem einige Zeit darauf von Pippin gegen Venetien unternommenen Kriegszug. Darauf weist die Stelle in dem bekannten Brief Hadrians an Karl den Großen hin, die schon oben zitiert wurde. Über den Verlauf dieser Handelssperre ist sonst nichts näheres bekannt. Beendet wurde sie durch den Friedensschluß von 805.

Weit besser verfolgbar ist und vielleicht auch strenger durchgeführt war die Handelssperre, die Venedig in den letzten Jahren Kaiser Ottos II. durchzumachen hatte. Die Veranlassung dazu ging von inneren Zwistigkeiten in Venedig aus, die unter dem Dukat des schwachen Tribuno Memo (979—991) zwischen den beiden Parteien der Caloprini und Morosini ausgebrochen waren[1]). Schließlich wurden die Caloprini genötigt, die Stadt zu verlassen, und ihr Haupt, Stefano Caloprini, begab sich zu Otto II. und versprach ihm 100 Pfund Gold und die Herrschaft über Venedig, wenn er ihn dorthin zurückführen und mit der Dogenwürde bekleiden wolle. Otto ging natürlich mit Freuden auf diesen Vorschlag ein, umsomehr, als Caloprini ihm ein leichtes Mittel angeben konnte, die Stadt zur Nachgiebigkeit zu zwingen: eben die Verhängung der Handelssperre. Er als geborener Venezianer kannte natürlich am besten die Schwächen in der Position seiner Vaterstadt und wußte, daß nicht nur der Reichtum der handeltreibenden Geschlechter auf dem ungehinderten Verkehr mit dem Festland als dem wichtigen Absatzgebiet für ihre orientalischen Importwaren beruhte, sondern daß, wie schon früher angedeutet, Venedig auf eine Lebensmitteleinfuhr unbedingt angewiesen war. So machte er sich denn daran, die Adern zu unterbinden, die in erster Linie Venedigs Lebenstätigkeit vermittelten. Er selbst mit seinem Sohne Domenico übernahm die Überwachung Paduas, wo sonst die Viktualien zusammenzuströmen pflegten. Einem anderen, Orso Badovario, fiel die Sperrung der Etsch zu, die ja von der Lagune einen leichten Zugang nach Verona gewährte. Ein dritter Posten besetzte Mestre und beobachtete

---

[1]) Joh. Diac. p. 144.

die wichtigsten nahegelegenen Straßen. Endlich unterlag noch Ravenna einer strengen Kontrolle [1]). Die Wirkung dieser Maßnahmen auf Venedig war eine augenblickliche. Zunächst ließ man seinen Grimm an der hinterlassenen Habe der Vaterlandsverräter aus; ihre Häuser wurden zerstört und ihre Frauen gefangen gesetzt. Dann aber verlegte man sich aufs Bitten; Gesandte kamen mit vielen Geschenken zum Kaiser und flehten um Aufhebung der Sperre. Doch ohne Erfolg, Otto ließ vielmehr durch einen zweiten Befehl die Maßregeln noch verschärfen. Es war kein geringes Glück für Venedig, daß Otto bald darauf zu Rom am Fieber starb (7. Dezember 983). Natürlich zweifelte im Inselland kein Mensch daran, daß den ungerechten Bedrücker des venezianischen Handels damit die gerechte Strafe des Himmels ereilt habe, was einem Mönch durch Engelsbotschaft noch ausdrücklich bestätigt wurde. Zudem wurde auch der Haupturheber des Unglücks, Stefano Caloprini, durch den Tod hinweggerafft. Durch Vermittlung der Kaiserin Adelheid wurde um 984 (?) nach zirka zweijähriger Dauer die Sperre aufgehoben; doch mußte sich der Doge dazu verstehen, die Caloprini wieder aufzunehmen. So hatte denn die Republik am Ende doch nachgeben müssen [2]).

Wenden wir uns nun zu den Fällen, in denen Venedig seinerseits seine Unentbehrlichkeit in gewissen Erzeugnissen für seine Nachbarn in aggressiver Weise ausnützte. Die beiden aus dem 10. Jahrhundert uns vorliegenden Beispiele beziehen sich auf Streitigkeiten mit Istrien. Zwischen den Jahren 930 und 933 ließen die Istrier sich verschiedenes gegen Venedig zu Schulden kommen: sie machten Einfälle in die Besitzungen des Gradenser Patriarchats bei Pola, in die Landgüter der venezianischen Bischofssitze und das Domanium des Dukats in Istrien. Sie drückten die venezianischen Kaufleute mit ungerechten Abgaben, weigerten die Erfüllung ihrer Verbindlichkeiten und gingen sogar mit Raub und Mord gegen die Angehörigen der Republik in ihrem Gebiete vor. Da erließ der

---

[1]) Ibidem p. 146 f.
[2]) Ibidem p. 147 f.

Doge Pietro II. Candiano den Befehl, kein Venezianer solle hinfort Istrien betreten, noch dürfe ein Istrier nach Venedig zugelassen werden. In kürzester Frist kam Markgraf Winther von Istrien ganz zerknirscht zum Patriarchen Marino und flehte ihn um seine Vermittlung zur Aufhebung der Handelssperre an. Der Doge hatte seinen Zweck erreicht und ließ am 12. März 933 auf Rialto von den istrischen Gesandten eine Urkunde unterzeichnen, in der sie nach Ablegung einer Generalbeichte ihrer Vergehen die Abschaffung aller bisherigen Mißstände feierlichst versprachen und sich zur Zahlung einer Entschädigung von 100 Pfund Gold verpflichteten [1]).

Was denn der eigentliche Grund war, der die Istrier gar so bald kirre machte, erfahren wir sehr deutlich aus dem Bericht des Johannes Diaconus [2]) über den Verlauf der zweiten Handelssperre, die er als Zeitgenosse unter der Regierung des großen Dogen Pietro II. Orseolo miterlebte. Im Jahre 994 oder 995 annektierte der Bischof von Belluno widerrechtlich Güter, die dem venezianischen Dukat gehörten. Der Doge versuchte anfangs beim kaiserlichen Gericht sein Recht zu erlangen; doch dauerte ihm dessen endgültige Entscheidung zu lange und so schritt er mit Zustimmung Ottos III. zur Selbsthilfe. Ich zitiere das Folgende aus der Chronik des Johannes: „Da legte Doge Peter den Seinen das unvermeidliche Gebot auf, daß niemand unter irgend welchem Vorwande es wagen solle, in die Mark Friaul oder die von Istrien zu gehen, noch irgend eine Ware wechselseitig zu verkaufen oder zu kaufen. .... Die vom Dogen begonnene Fehde dauerte sehr lange, so daß nicht nur das Vieh in jener Mark aus Mangel an Salz zu Grunde ging, sondern auch die Menschen, von der venetischen Zufuhr abgesperrt, in große Not gerieten und inständig beim Dogen demütig um Frieden flehten, den sie aber nicht erlangen konnten" [3]). — Das Salzmonopol in erster Linie also war es, das den Venezianern ihre Nachbarn in völliger Abhängigkeit erhielt.

---

[1]) Tafel und Thomas I, p. 10 ff. Dandolo col. 202.
[2]) p. 150 f.
[3]) Joh. Diac. p. 151.

Vielleicht findet hier zum Schlusse noch passend die Erwähnung einer Erwerbsart statt, die, ohne regelmäßig zu sein und nach unseren Begriffen zu der legalen Form der Bereicherung gezählt werden zu können, dennoch zweifellos in jener Zeit in Venedig an der Aufspeicherung mobilen Besitzes erheblichen Anteil hatte. Es ist das die gewaltsame Aneignung fremden Gutes auf dem Wege von Raub und Plünderung. Die Chronisten sprechen zwar ungern davon, indessen bisweilen erfahren wir doch wenigstens nebenbei etwas hierüber. Zunächst dürfen wir annehmen, daß die häufigen Plünderungszüge, die wir die Dogen im 9. und 10. Jahrhundert so oft in die dalmatinischen Gegenden unternehmen sehen, auch materielle Ergebnisse hatten, zumal wenn wir bedenken, daß die an der Küste wohnenden Slaven ihrerseits die Piraterie im großen Stile betrieben und sich manche Schätze zusammengeraubt hatten, und die Narrentaner z. B. mit Apulien in Handelsverkehr standen [1]).

Stets war der Republik Venedig die eine Strecke südlich von ihr an der Küste auf einer Poinsel gelegene Stadt Comacchio ein Dorn im Auge. Comacchio entwickelte sich allmählich zu einer gefährlichen Rivalin. Es beherrschte den Pohandel und war der Vermittler über die westlichen Alpenpässe; über den Hauptmarkt Pavia versorgte es großenteils Westdeutschland und Frankreich [2]). Es ist begreiflich, daß die Venezianer jede Gelegenheit zur Schädigung der Comacchesen benutzten. Ums Jahr 881 suchte der Doge Giovanni II. Particiaco durch Vermittlung des Papstes das Komitat von Comacchio zu erwerben [3]). Aber dem Unterhändler wurde auf seiner Durchreise in Ravenna vom Grafen Marino von Comacchio übel mitgespielt. Der Doge veranstaltete sogleich einen Vergeltungszug, eroberte das Schloß und die Stadt Comacchio und ließ die Ravennaten ausplündern. Obwohl die Venezianer ihnen willfährige Beamte (iudices) in die Stadt einsetzten, scheint diese dennoch bald Gelegenheit zum Abfall und zu weiterer

---

[1]) Joh. Diac. p. 157 f.
[2]) Hartmann, Anfänge Venedigs p. 439.
[3]) Joh. Diac. p. 127.

selbständiger Entwicklung gefunden zu haben. Venedig wartete deshalb nur auf den rechten Augenblick, um aufs neue über die Rivalin herzufallen. Die Veranlassung dazu bot sich etwa 935, als die Einwohner dieser Stadt sich an einigen Venezianern vergriffen hatten. Der Doge Peter Candiano erstürmte und verbrannte das Kastell, zerstörte und plünderte die Stadt und führte sämtliche Einwohner beiderlei Geschlechts gefangen nach Venedig, wo er sie solange zurückhielt, bis sie ihm den Treueid leisteten und sich ihm in allen Stücken unterwarfen [1]. Von Comacchios Handelsblüte verlautet hinfort nichts mehr.

Wenige Jahrzehnte später (zirka 975) nahm der kriegerische Doge Pietro IV. Candiano die an dem Kreuzungspunkt dreier Römerstraßen gelegene Stadt Oderzo und ließ sie in Flammen aufgehen [2].

Bekannt endlich sind die Eroberungszüge Peter II. Orseolo, die auch reiche Beute brachten. Etwa 996 überfiel eine Flotte von sechs Kriegsschiffen die Stadt und Insel Lissa und brachte eine große Menge Gefangene, männliche wie weibliche, nach Venedig. Man darf wohl hinzusetzen: die dann in die Sklaverei verkauft wurden. Die Chronik fährt nämlich in ihrem Berichte fort: „Dadurch türmte der Doge einen noch größeren Hügel des Hasses zwischen Venezianern und Slaven auf" [3]. — Der Siegeszug Peter Orseolos im Mai und Juni 1000 an der ganzen dalmatinischen Küste entlang bis nach Ragusa gab vielfach Gelegenheit zur Aneignung der dort aufgespeicherten Schätze. So wurde das berüchtigte Raubnest auf der Insel Lagosta erstürmt und dem Boden gleichgemacht [4]. Eine Kauffahrtsflottille, auf der 40 vornehme Narrentaner von einer Geschäftsreise aus Apulien nach Hause zurückkehren wollten, wurde von den venezianischen Schiffen gekapert. — Aus diesen paar Beispielen erhellt schon, daß immerhin auch auf solche Weise in größerer Menge Stoff zur Bildung ansehnlicher Vermögen nach Venedig geströmt sein muß.

Fassen wir das Gesagte zusammen, so müssen wir gestehen,

---

[1] Joh. Diac. p. 133.
[2] Ibidem p. 139.
[3] Ibidem p. 153.
[4] Ibidem p. 159 f.

daß schon das Venedig des 9. und 10. Jahrhunderts ganz vom Handel durchdrungen war, daß wir hier von vornherein durch die Natur der Dinge bedingt eine Mobilisierung des Besitzes beobachten, wie vielleicht in keinem anderen Orte dieser Zeit. Wie weit vorgeschritten die Geldwirtschaft um die Wende des 10. Jahrhunderts in Venedig bereits war, davon noch zwei Beispiele. Im Jahre 1006 stiftete Pietro II. Orseolo „ad solatium et totius nostrae rei publicae utilitatem" 1250 £ venezianischer Denare und zwar so, daß das Kapital selber nicht angegriffen, sondern vertrauenswürdigen Männern übergeben werden sollte, um damit Gewinn zu erzielen; der Ertrag ihrer Geschäfte sollte für den bezeichneten Zweck verwendet werden [1]. Daß hier nur Handelsgeschäfte gemeint sein können, unterliegt wohl keinem Zweifel. Diese Art einer Zuwendung dürfte in jener frühen Epoche ohne Beispiel sein, als man nur Ländereien oder Gerechtsame verlieh, denen allein Kapitalcharakter beigemessen wurde. Ganz ähnlich verfuhr man einige Zeit später, als, wie schon vorher gestreift, der Gradenser Patriarch seine Einkünfte aus liegenden Besitztümern verloren hatte. Der Ertrag von 300 £ aus der roga magistratus und dem Schatze von S. Marco wurden nebst anderen festen Geldzahlungen von der roga und den Suffraganen dem Patriarchat zugewiesen [2]. Es scheint dieses Verfahren ganz naturnotwendig in einem Staate, in dem man kein Lehen zu vergeben hatte. Da wurde ganz nach Analogie des Lehensystems eine Geldsumme verliehen, unantastbar, wie das Lehen unveräußerlich war, deren Erträgnisse die Lehenseinkünfte darstellten.

---

[1] Kohlschütter a. a. O. p. 93 f.
[2] Abgedruckt bei Muratori, Antiquitates Italiae (1738), I, p. 243 f. Inhaltsangabe bei Cecchetti, Il doge di Venezia p. 232 f.

Drittes Kapitel

Ausdehnung und äußerer Verlauf des Handels im 11. und 12. Jahrhundert

Thietmar von Merseburg schreibt in seiner Chronik zum Jahr 1017: „Vier große Schiffe der Veneter, mit verschiedenartigen Spezereien beladen, erlitten in diesem Jahre Schiffbruch"[1]. So weit nach Norden also war bereits der Ruf des venetischen Seehandels gedrungen, daß man sogar im fernen Sachsen an seinen Schicksalen lebhaften Anteil nahm. Wir wissen relativ wenig über seinen Verlauf vor der berühmten Goldbulle des Alexios (1082). Es scheint, daß er sich im wesentlichen ohne Störung weiterentwickelte. Nur die kürzlich unterworfenen dalmatinischen Städte ließen sich von den Kroaten zum Abfall bewegen. Doch schon 1018 waren sie wieder zum Gehorsam gebracht und versprachen Tributzahlung:

   der Bischof von Veglia 30 Fuchsfelle,
   „   „   „ Ossero 40 Marderfelle,
   „   „   „ Arbe   10 Pfund Seide[2].

Ums Jahr 1020 raubte Domenico Dandolo, der als Stammvater des berühmten Dogengeschlechtes gilt, aus einer griechischen Klosterkirche die Gebeine des hl. Tharasius[3]. Einige Jahrzehnte später kauften in Benevent zwei venezianische Kaufleute den Arm des hl. Bartholomäus[4]. Diese Jagd, die man förmlich auf Reliquien trieb und die sich noch durch manche spätere Beispiele belegen läßt, geschah ebenfalls in

---

[1] Mon. Germ. SS. III, p. 860.
[2] Marin a. a. O. II, p. 273.
[3] Dandolo col. 237.
[4] Ibidem, col. 243.

kaufmännischem Interesse: man schuf so Venedig zu einem hochverehrten Wallfahrtsorte; der starke Pilgerstrom diente zur Bildung eines großen Marktes und erleichterte so den Absatz.

Vielleicht fand unter der Regierung Otto Orseolos (1009 bis 1026) wegen Differenzen mit Kaiser Heinrich II. eine teilweise Beschränkung des venezianischen Verkehrs in Italien statt. Wenigstens ergab eine von diesem Dogen veranstaltete Rundfrage, daß der Vertrieb von Seidenstoffen nur in Pavia und an der Palmsonntags- und St. Martinsmesse in Ferrara zugelassen sei [1]). Doch war diese Störung sicher nur vorübergehender Art. Nach dem Sturz der Orseoli wurde das Verhältnis zu Byzanz wieder enger. Doge Domenico Flavanico wurde 1032 zum Protospatharios ernannt [2]). Dagegen zeigten sich die Ungarn als unruhige Nachbarn und machten Einfälle in Dalmatien, so daß Domenico Contarini 1045 Zara zurückerobern mußte [3]). Drei Jahrzehnte war es dann ruhig auf dem Meere, und lebhaft blühte auch der Handel mit dem sarazenischen Emporium Alexandria, von wo man neben den Spezereien vor allem Alaun exportierte, sowie mit den Städten Romaniens, von denen Methone besonders erwähnt wird [4]).

Unterdessen aber machte sich die Expansionspolitik der Normannen unter ihrem kräftigen Herzoge Robert Guiscard auch in der venezianischen Interessensphäre unangenehm bemerkbar. Ihre Plünderungszüge erstreckten sich bis nach Dalmatien, aus dem sie jedoch Domenico Selvo 1075 vertrieb, wobei er den Dalmatinern das urkundliche Versprechen abzwang, niemals mehr Normannen oder andere Fremde bei sich aufzunehmen [5]). Guiscard setzte indes seine Operationen, die zunächst gegen die Besitzungen des griechischen Reichs gerichtet waren, fort. Er warf seine Hauptmacht auf Durazzo,

---

[1]) Fragment bei Monticolo, Cronache Venez. antichiss. p. 178 f. Wegen der Deutung des mercatum „sancti Martini et Olivo" vgl. Lenel a. a. O. p. 52.

[2]) Dandolo col. 240.

[3]) Ibidem, col. 244.

[4]) Urkunde vom April 1072 bei Molmenti, La storia di Venezia nella vita privata. Torino 1880, p. 569.

[5]) Tafel und Thomas I, p. 42 f.

die wichtigste byzantinische Stadt im Westen, und bestürmte es seit dem 17. Juni 1081 zu Wasser und zu Lande [1]). Kaiser Alexios Komnenos rüstete eine ansehnliche Streitmacht zu seiner Bekämpfung aus und verlangte auch von den Venezianern ein Flottenkontingent. Obwohl die Verdrängung der Normannen aus einer so beherrschenden Position am Eingangstore des Adriatischen Meeres schon für die künftige ungehemmte Entwicklung des venezianischen Handels von größter Bedeutung war und auch die früheren Verträge mit den oströmischen Herrschern Venedig zu solchen Hilfeleistungen zur See im Kriegsfalle verpflichteten, so bot doch die augenblickliche Notlage des Kaisers eine zu willkommene Handhabe zur Erlangung noch ausgedehnterer Vergünstigungen, als daß die Republik sich diese Gelegenheit hätte entgehen lassen sollen. Sie ließ sich vielmehr, wie Anna Komnena [2]) berichtet, von den kaiserlichen Gesandten reiche Geschenke machen und eine Goldbulle mit weitgehenden Handelsprivilegien als Lohn in Aussicht stellen, und zwar bedingungslos, gleichgültig, ob ihre Unterstützung Erfolg haben würde oder nicht. Dann aber rüstete sich Venedig auch wirklich in rascher und energischer Weise, zumal auch eine venezianische Kolonie sich in der eingeschlossenen Stadt befand [3]). Die Flotte lief in einer Stärke von 9 großen Galeoten, 14 Triremen und 36 Transportschiffen aus [4]) und errang angesichts der belagerten Stadt einen glänzenden Seesieg über die Normannen [5]), so daß selbst der Geschichtschreiber aus dem feindlichen Lager, Wilhelm von Apulien [6]), voll Anerkennung ihrer Tüchtigkeit im Seekriege schrieb:

Non ignara quidem belli navalis et audax
Gens erat haec. — — —
— — — gens nulla valentior ista
Aequoreis bellis, ratiumque per aequora ducta.

---

[1]) Heyd a. a. O. p. 131.
[2]) Editio Bonnensis p. 191.
[3]) Anna Komnena p. 221, 223.
[4]) Dandolo col. 249.
[5]) Anna Komnena p. 193 f.
[6]) Gesta Rob. Wiscardi. Mon. Germ. SS. IX, p. 285.

Doch die Niederlage des kaiserlichen Landheers in Verbindung mit dem baldigen Abzug der verbündeten griechischen und venezianischen Seemacht bewirkte den Fall der Feste, vielleicht durch den Verrat eines Venezianers [1]) (Januar oder Februar 1082). 1084 erneuerte sich der Kampf, aber mit unglücklichem Ausgange, und nur der Tod Robert Guiscards setzte den Eroberungsplänen der Normannen ein vorläufiges Ziel.

Uns interessiert hier vor allem der Lohn, den sich Venedig in diesen Kämpfen für Byzanz erstritten hatte. Er bestand in der Einräumung einer überaus günstigen Ausnahmestellung des Handelsvolkes im griechischen Reiche, welche in der Chrysobulle vom Mai 1082, also gleich nach Beendigung des ersten Krieges ausgestellt, ihre rechtliche Fixierung fand. Ihre Bestimmungen müssen wir jetzt im einzelnen betrachten, da sie die Grundlagen für alle späteren Verleihungen der oströmischen Kaiser abgaben [2]).

Den Venezianern wird gänzliche Zoll- und Handelsfreiheit in allen Teilen Romaniens gewährt; kein Beamter darf ihre Waren untersuchen oder mit Abgaben belasten. Das war ein ganz unerhörtes Zugeständnis. Wenn das Diplom von 992 wirklich die Venezianer gleichmäßig mit den anderen Untertanen von Byzanz behandelte, woran nicht zu zweifeln ist, so stellten die Privilegien von 1082 sie noch weit günstiger als selbst diese. Bedenken wir noch, daß in dieser Zeit die Pisaner und Genuesen noch gar nicht festen Fuß in Byzanz gefaßt hatten und sich gar keiner Zollermäßigung erfreuten und daß die Venezianer eben jetzt es durchsetzten, daß alle Verkaufslokale der Amalfitaner in Konstantinopel, deren Konkurrenz allein noch hätte gefährlich werden können, zu Gunsten des Säckels der Markuskirche in Venedig besteuert wurden, so muß die Republik von nun an eine monopolartige Stellung in den griechischen Gewässern eingenommen haben. 32 Orte zählt die Bulle namentlich auf, die also wohl vorzugsweise von Venezianern besucht worden sind, aber noch manche

---

[1]) Anna Komnena p. 223. Lupus Protospatarius. Mon. Germ. SS. V, p. 61.
[2]) Tafel und Thomas I, p. 51 ff.

andere lernen wir aus Privaturkunden kennen, so daß in der Tat der gesamte Innen- und Außenhandel Romaniens wenigstens zur See schon damals durch die Hände venezianischer Kaufleute gegangen zu sein scheint. Die Bulle nennt in Kleinasien: Groß-Laodicea, Antiochia, Mamistra, Adana, Tarsus, Atalia, mehr im Norden Strobilos, Chios, Ephesos; an den Küsten des alten Hellas: Methone, Koron, Nauplion, Korinth, Theben, Athen und Euboea; im Nordwesten: Durazzo, Aulona, Bondiza und Korfu; an der thessalischen und thrazischen Küste bildeten Demetrias (bei Halmyros), Thessalonich, Chrysopolis, Peritheorion, Abydos (auf der Chalkidike), Adrianopel und Apros, in der Propontis Eraclea und Selymbria eine lange Kette bis zur Hauptstadt selbst[1]). Hier in Konstantinopel, im Brennpunkt des Verkehrs, mußten naturgemäß die Kaufleute ihre Standquartiere einrichten können. Dem trug Alexios auch Rechnung, indem er ihnen einen ansehnlichen Stadtteil in bester Lage am Chrysokeras als Aufenthaltsort zuwies. Er lag im Viertel Parama und erstreckte sich von der Porta Paramae bis zum alten Judentor (am Ufer) und bis zur Veglia, der erhöht gelegenen Hauptwache im Innern der Stadt[2]). Am Kai waren ihnen drei Landungstreppen eingeräumt, in den Straßen ihres Quartiers zogen sich lange Arkaden mit Verkaufsläden hin und neben der Kirche des hl. Akindynos befand sich ihre Bäckerei mit einem jährlichen Pachtertrage von 20 Perpern. — Außer diesen Handelsvorteilen wurden die Häupter der Republik noch mit persönlichen Auszeichnungen bedacht: Der Doge wurde nebst allen seinen Nachfolgern zum Protosebastos mit vollem Gehalt ernannt, der Patriarch ebenso zum Hypertimos mit 20 Pfund Gold Gehalt. Auch der Kasse der Kommune sollten hinfort jährlich 20 Pfund Gold zur Verteilung an die Kirchen von der kaiserlichen Kammer überwiesen werden. — Die Bulle schließt mit der zuversichtlichen Hoffnung, daß die Veneter sich dem Kaiser stets als treuergebene δοῦλοι erweisen und ihn gegen alle feindlichen Angriffe unterstützen würden.

---

[1]) Bezüglich dieser Ortsnamen vgl. Heyd a. a. O. I, p. 133.
[2]) Ibidem I, p. 275 ff.

Die Zeit der Kreuzzüge bedeutete für die seefahrenden Handelsnationen am Mittelmeer zugleich den Beginn einer neuen Ära in ihrer auswärtigen Handelspolitik: die Gründung von Kolonien, von kommerziellen Stützpunkten besonders an der syrischen und kleinasiatischen Küste in allen Orten, die für den Handel von Bedeutung waren. Venedig zwar, sahen wir eben, hatte schon vorher den Anfang damit gemacht mit der Anlage einer eigenen Siedelung in Konstantinopel. Doch erst die Errichtung von christlichen Herrschaften in den bis dahin muselmännischen Ländern ermöglichte auch dort ein ähnliches Vorgehen. Begünstigt wurde dieses noch durch die Unentbehrlichkeit ihrer Flotten bei der Eroberung des Gebietes der Kreuzfahrerstaaten; die starkbefestigten sarazenischen Seestädte der syrischen Küste konnten meist nur mit vereinter Land- und Seemacht erobert werden, und so bot sich von selbst Gelegenheit zur Durchsetzung der praktischen Forderungen der Handelsinteressenten. Ihre Handelskolonien in systematischer Weise hier zu entwickeln und so zu einer ununterbrochenen Kette zu gestalten, war das Streben, das im letzten Grunde die Handlungen der Venezianer in den Kreuzzugskämpfen bestimmte.

Denn Venedig betrachtete diese ganze große religiöse Bewegung durchaus vom geschäftlichen Standpunkte; es war nicht zum kleinsten Opfer bereit, wenn nicht auch ein entsprechender materieller Gegenwert winkte. Nur das Zusammenfallen seiner Interessen mit den Bestrebungen der Kreuzfahrer, wenigstens im Anfange, erklärt die Erscheinung, daß Venedig überhaupt zeitweilig energisch eingriff. Wenn aber umgekehrt sein Vorteil auf der entgegengesetzten Seite lag, dann war der Einfluß der Markusrepublik stark genug, selbst einen ganzen Kreuzzug von seinem ursprünglichen Ziele abzudrängen und in ihr gelegenere Bahnen zu leiten. Vergebens bemüht sich der Verfasser der begeistert-schwungvoll geschriebenen Historia translationis S. Nicolai, seinen Landsleuten überall frommen Eifer als einziges Motiv ihrer Teilnahme an den Kämpfen nach dem ersten Kreuzzug unterzulegen [1]). Denn aus

---

[1]) Abgedruckt bei Flaminio Corner, Ecclesiae Venetae vol. IX, p. 6—45.

jeder Zeile selbst seines tendenziösen Berichtes spricht der krasseste Egoismus der sonderbaren Kreuzfahrer der Lagunenstadt, der oft unter dem frommen Deckmantel umso erschreckender in die Erscheinung tritt.

An 200 Segel stark[1]) verließ im Herbst 1099 die venetische Flotte den Hafen von Rialto. In einer gesicherten Bucht von Rhodus beschloß man zu überwintern, als sich eine pisanische Flotte von 50 Schiffen, auch auf der Fahrt nach dem hl. Lande begriffen, der Insel näherte, um ebenfalls dort Station zu nehmen. Sofort regte sich der Haß gegen die Konkurrenten, die sich einige Feindseligkeiten gegen die Griechen zu Schulden kommen ließen; das genügte den Venezianern, ihre numerische Überlegenheit zu einem vernichtenden Schlage gegen die Pisaner zu benutzen: nur 22 ihrer Schiffe entkamen, die anderen wurden gekapert. Die Gefangenen mußten einen Eid ablegen, niemals mehr zu kommerziellen Zwecken nach Romanien zu kommen, und 36 vornehme Männer als Geiseln für ihr Versprechen zurücklassen[2]).

Da der geeignete Moment zum Zusammenwirken mit dem Kreuzheer auch im Frühjahr 1100 noch nicht gekommen war, so machte die venezianische Flotte im Mai einen Abstecher nach dem kleinasiatischen Myra, auch nicht gerade im Interesse der Christenheit. Die Venezianer wußten nämlich, daß diese Stadt kürzlich von den Ungläubigen geplündert worden war und ihre Einwohner sich in ein zwei Meilen außerhalb gelegenes Kastell geflüchtet hatten[3]). Das bot ihnen Gelegenheit zu einem ebenso vorteilhaften als schamlosen Reliquienraub. Sie drangen in die Kirche, in der die hochverehrten Gebeine des hl. Nikolaus verwahrt wurden, die schon oft das Ziel der Habsucht mancher Städte gewesen waren[4]). Hier hausten sie mit furchtbarem Vandalismus: die Heiligtümer und Altäre wurden umgestürzt, der Boden und die Wände aufgebrochen

---

[1]) Translat. S. Nicol. p. 17.
[2]) Ibidem p. 8 f.
[3]) Ibidem p. 10.
[4]) Zuerst stellte ihnen Kaiser Basilios für Konstantinopel nach (Translat. p. 11), dann 1087 die Barenser (Lupus Protospatarius Mon. Germ. SS. V, p. 62).

und durchwühlt, die ergriffenen Kirchenhüter grausam gemartert, um das Versteck der heiligen Schätze zu verraten. Endlich glaubte man, das Gesuchte gefunden zu haben, und wie zum Hohne erhielt der herbeigeeilte und bitter sich beklagende Bischof von Myra 100 Byzantien „ad restaurationem ecclesiae" [1]).

Im Juni 1100 erschien die Flotte vor Jaffa und unterhandelte mit den Kreuzfahrern. Es wurde gefeilscht und der Preis festgesetzt, ehe Venedig sich zur Hilfeleistung entschließen konnte: In jeder Stadt des Königreichs Jerusalem erhalten die Venezianer eine Kirche und einen zum Markt geeigneten Platz, sowie Befreiung von allen üblichen Abgaben. Von den Städten, welche etwa noch mit ihrer Hilfe erobert werden, bekommen sie ein Drittel, Tripolis nach seiner Einnahme sogar ganz gegen ein jährliches Ehrengeschenk nach Jerusalem. Bei Schiffbruch wird ihnen Sicherheit für ihre Güter an den in fränkischem Besitz befindlichen Küsten versprochen. Hierfür verpflichten sie sich, vom St. Johannistage bis zum Fest der Auferstehung Mariä ihre Flotte in den Dienst der Kreuzfahrer zu stellen [2]). — Indes verhinderte damals der Tod König Gottfrieds die Eroberung von Accon, und so wurde nur noch die Seestadt Caipha am Fuß des Karmel, noch im Gesichtskreise von Accon gelegen, von den Verbündeten in heißem Kampfe erstürmt [3]). Hier werden die Venezianer wohl ihr versprochenes Drittel bekommen haben, doch als Handelsstadt hatte Caipha geringe Bedeutung [4]).

Dagegen gelang es Venedig, von den Fürsten von Antiochia, Boemund I. und Tankred, Handelsprivilegien zu erlangen, wenn sie auch noch keine weitgehenden gewesen sein mögen [5]). Das große Handelsemporium Accon fiel 1105 ohne Mitwirkung der Venezianer mit genuesischer Hilfe, was jene wohl mit Neid erfüllt haben mag. Darum waren sie bei der nächsten großen Belagerung, der von Sidon, umso eifriger zur Stelle. 100 Schiffe

---

[1]) Transl. S. Nic. p. 17.
[2]) Ibidem p. 19.
[3]) Ibidem p. 23 ff.
[4]) Wird in Privaturkunden nie genannt.
[5]) Tafel und Thomas I, p. 64 u. 66.

führte der Doge Ordelafo Falier zur Unterstützung König Balduins herbei[1]). Der Fall der Stadt erfolgte am 11. Dezember 1110. Wahrscheinlich fanden die Versprechungen des Vertrags vom Juni 1100 jetzt auf Sidon Anwendung. Jedenfalls wurden dem Dogen und der Markuskirche auch in Accon Handelsfreiheiten und Besitzungen eingeräumt, und zwar, wie Marino Sanudos Plan von Accon zeigt, den er seiner Schrift Secreta fidelium crucis beigegeben hat, in noch günstigerer Lage als selbst den Genuesen und Pisanern[2]). Durch einen Vertrag mit dem Grafen von Tripolis erwarb im Februar 1118 die Kirche von S. Marco auch in dieser wichtigen Seestadt Grundeigentum[3]).

Aber den glänzendsten Erfolg, der sich für Venedig an die Kreuzzüge knüpfte, brachte erst das Jahr 1123. Ein Jahr zuvor, 1122, hatte König Balduin II. dringende Hilfegesuche an den Dogen gesandt, die auch vom Papst unterstützt wurden. Das Königreich Jerusalem wurde im Norden und Süden gleichzeitig von den Sarazenen bedrängt. Der Doge sagte zu und zog mit einer Flotte von 200 Kriegs- und Lastschiffen aus. Durch Zwistigkeiten mit dem griechischen Kaiser und die Belagerung von Korfu wurde die venezianische Seemacht bis zum Frühjahr 1123 aufgehalten, bis die immer größer werdende Notlage der Christen in Syrien sie zur Fortsetzung der Fahrt bewog[4]). In der Nähe der palästinensischen Küste auf der Höhe von Ascalon stieß sie auf die feindliche ägyptische Flotte und brachte ihr eine vernichtende Niederlage bei[5]). Ehe die Venezianer dann bei der bevorstehenden Belagerung von Tyrus mitwirkten, schlossen sie nach ihrer Gepflogenheit mit dem Patriarchen Warmund, dem Stellvertreter des gefangenen Königs, zu Accon Ende 1123 einen Vertrag, der den Lohn für die von ihnen zu leistende Hilfe genau spezifizierte[6]): In jeder Stadt des Königs oder seiner Vasallen sollen sie eine

---

[1]) Dandolo col. 264.
[2]) In den Gesta Dei per Francos.
[3]) Tafel und Thomas I, p. 76 f.
[4]) Historia ducum Veneticorum in Mon. Germ. SS. XIV, p. 74.
[5]) Siehe Heyd I, p. 158.
[6]) Tafel und Thomas I, p. 84 ff.

Kirche, eine ganze Straße, einen Platz, sowie Backofen und Bad zu dauerndem, völlig abgabenfreiem Besitze erhalten. In Jerusalem soll ihr Eigentum dem königlichen an Umfang gleich sein. In Accon wird ihnen ihr bisheriges Quartier bestätigt und die Befugnis zugesprochen, dort einen eigenen Backofen, Mühle, Bad, Wage nebst Gewichten und Maßen einzurichten und frei zu benutzen. Im Verkehr untereinander und beim Verkauf an Fremde dürfen sie ihre eigenen Maße und Gewichte gebrauchen, beim Kaufe von Fremden sind dagegen die königlichen zu benutzen und zu bezahlen. Gänzlich ausgenommen sind sie sonst von jeder Abgabe für Kauf oder Verkauf, für Ankunft, Aufenthalt oder Abreise, es sei denn, daß sie Pilger an Bord haben; für diese ist das übliche Drittel (des Überfahrtspreises?) dem Könige zu entrichten. Streitigkeiten der Venezianer untereinander oder mit Fremden, soweit der Beklagte ein Venezianer ist, werden von ihren eigenen Gerichten entschieden. Das Annexionsrecht bei Todesfällen, sowie das Strandrecht bei Schiffbruch soll gegen Venezianer nicht in Anwendung gebracht werden. Die Historia ducum[1]) enthält die Notiz, daß bei der Belagerung von Tyrus Venedig dem Patriarchen von Jerusalem 100 000 Byzantien (vielleicht übertrieben) geliehen habe. Darauf scheint sich auch eine Stelle des Pactum Warmundi zu beziehen, wo es heißt: jährlich solle dem Dogen aus den Einkünften von Tyrus am Peter- und Paulstage 300 bycantii saracenati „ex debiti condicione" bezahlt werden[2]).

Nachdem die Venezianer so sich einen angemessenen Preis gesichert hatten, halfen sie aus allen Kräften bei der Belagerung von Tyrus, für die das Los als zuerst in Angriff zu nehmende Stadt entschieden hatte[3]). Nach fünfmonatlichen Kämpfen mußte Tyrus kapitulieren, und unmittelbar darauf wurden den Bundesgenossen die Versprechungen erfüllt. Als im nächsten Jahre (1125) König Balduin wieder freigeworden war, bestätigte er den Venezianern in einer Urkunde alle

---

[1]) p. 74.
[2]) Tafel und Thomas I, p. 86.
[3]) Hist. duc. p. 74.

Privilegien und fügte ihnen nur noch die Verpflichtung bei, ihr Drittel in Tyrus mit eigenen Truppen zu verteidigen [1]). — Mit diesen Errungenschaften hatte Venedig sich eine Basis in den Kreuzfahrerstaaten geschaffen, auf der sein Levantehandel sich zu größter Blüte entwickeln konnte. Bestätigt wird uns das durch zahlreiche Privaturkunden, und vor allem ist es der Name Accon, der wieder und wieder in den Handelsabschlüssen als Ziel der Fahrt genannt wird, so daß der Verkehr dorthin ein außerordentlich lebhafter gewesen sein muß [2]). Nicht die leiseste Andeutung dagegen finden wir dafür, daß diese Kolonien noch anderen als bloßen Handelszwecken gedient hätten. Die Casalien, die sich in ihrem Umkreis gewöhnlich befanden, dienten nur im Verein mit ihren eigenen Mühlen, Backöfen u. s. w. zur Sicherung ihrer ökonomischen Unabhängigkeit.

Das erste uns erhaltene Privileg für das Fürstentum Antiochia ist vom Mai 1140 datiert [3]). Fürst Raimund nimmt aber auf die Verleihungsdiplome seiner Vorgänger ausdrücklich Bezug. Er gewährt den Venezianern Freiheit und Sicherheit des Handels auf Meer und Land, in der Hauptstadt ein Warenmagazin mit Garten und Häusern in der Nähe, sowie eigene Gerichtsbarkeit und Sicherheit bei Schiffbruch; die Abgaben sollen in derselben Höhe wie zu Tankreds Zeiten entrichtet werden. In dieser letzteren Hinsicht wird die Stellung der Kaufleute Venedigs in den folgenden Verträgen eine successiv günstigere. Fürst Rainald von Antiochia setzt im Mai 1153 den Zoll auf leinene und seidene Zeuge von 5 % auf 4 % des Wertes herab, für andere Waren von 7 % auf 5 %; ebenso wird der Ausfuhrzoll beim Verlassen des Hafens ermäßigt: statt 1 bycantius und 8 Denaren für die Saumtierlast nur 1 bycantius; statt 2½ bycantii für die Kamellast nur 2 bycantii [4]). Noch weiter geht in diesem Sinne das Privileg Boemunds III. (1167); es erläßt den Venezianern die Hälfte aller bisher zu zahlenden Abgaben und bestätigt die früher

---

[1]) Tafel und Thomas I, p. 90 ff.
[2]) Staatsarchiv in Venedig, Manimorte, S. Zaccaria. Pergamene, busta 24.
[3]) Tafel und Thomas I, p. 102 ff.
[4]) Ibidem p. 133 ff.

zugestandenen Vergünstigungen [1]). Den Endpunkt dieser Entwicklungsreihe bezeichnet das Diplom desselben Fürsten vom Jahr 1183: hier wird ihnen volle Abgabenfreiheit im Geschäftsverkehr auf See und Land zugesichert, nur für den Warenverkauf bleibt eine Steuer von 1 % [2]).

Das also war die Stellung Venedigs in den Kreuzfahrerstaaten. Die ganze Küste entlang von Antiochia und Laodicea über Tripolis, Sidon, Tyrus, Accon bis Caipha, überall Standorte des Handels. Aber damit begnügte Venedig sich nicht. Sein Verkehr umfaßte auch die mohammedanischen Küsten Ägyptens und des Magreb. Hier wohnten zwar die Feinde der Christenheit, gegen die die Kreuzzüge zum großen Teil gerichtet waren, aber nichtsdestoweniger boten diese Länder den unternehmenden Kaufleuten selbst in Kriegszeiten und vielleicht gerade dann am meisten einen äußerst gewinnreichen Markt für europäische Waren aller Art und insbesondere für Kriegsmaterial: Waffen, Eisen, Pech, Schiffsbauholz, ja ganze Schiffe verkaufte man dorthin für hohe Preise, während man gleichzeitig vielleicht auch ein Kreuzheer mit demselben Bedarf versah. Es konnte nicht ausbleiben, daß dies Verfahren den heftigsten Unwillen der davon Betroffenen und in erster Linie der Päpste hervorrief. Diese hätten am liebsten den Verkehr mit den sarazenischen Ländern ganz untersagt; doch auf die Vorstellungen der venezianischen Gesandten wurde das Verbot, wie auch früher von Byzanz aus, auf die Lieferung von Kriegsbedarf beschränkt [3]). Doch stammt dies Verbot erst aus dem Ende des 12. Jahrhunderts (Brief Innozenz III. vom 3. Dezember 1198), und seine strikte Einhaltung ist mehr als zweifelhaft. Jedenfalls haben die Venezianer vorher mit Konterbande sehr erhebliche Geschäfte gemacht.

Leider sind arabische Diplome zu Gunsten Venedigs erst vom Beginn des 13. Jahrhunderts an auf uns gekommen; darum ist unsere Kenntnis über die etwaigen Handelsvorteile der Republik in diesen Ländern im 12. Jahrhundert und früher

---

[1]) Tafel und Thomas I, p. 148.
[2]) Ibidem p. 175 ff.
[3]) Ibidem p. 234 f.

sehr gering, wenn wir auch aus den Privaturkunden ersehen, daß Alexandria eine Metropole des Handels war, die Konstantinopel wohl kaum nachstand. Aus einer Urkunde vom Mai 1173 erfahren wir, daß die Venezianer dort einen Fondaco besaßen[1], anscheinend schon vor der Gesandtschaft, die Doge Sebastiano Ziani bald nach dem Verrat in Byzanz (März 1171) nach Babylon (Kairo) und zu dem Herrscher der Massamutiner schickte, um einen sicheren Vertrag abzuschließen und der Kaufmannschaft Ersatz für das vorläufig gesperrte griechische Reich zu verschaffen [2]). Das Land der Massamutiner ist Magreb in Nordafrika; seine beiden vielbesuchten Häfen waren Sita und Bugia, wo sonst vor allem Pisaner und Genuesen oft zusammentrafen [3]).

Wir wenden uns jetzt von den südlichen Gewässern ab zur Position Venedigs in den byzantinischen Gebieten mit ihren wechselvollen Schicksalen im Laufe des 12. Jahrhunderts. Wir hatten hier zuletzt gesehen, wie die Republik durch die Goldbulle des Alexios 1083 eine geradezu einzig dastehende Ausnahmestellung erlangt hatte, die ihr ein tatsächliches Monopol im griechischen Reiche sichern mußte. Es kann uns daher durchaus nicht verwundern, wenn wir hören, daß seit jenen Privilegien der Reichtum der venezianischen Kaufleute maßlos stieg[4]), und sie sich allmählich als Herren zu fühlen begannen. Den byzantinischen Bürgern begegneten sie wie Sklaven und behandelten sogar die Sebastoi und andere hohe griechische Würdenträger mit Verachtung[5]). Es schien unausbleiblich, daß sich so die wirtschaftliche Abhängigkeit der Romäer von den fremden Kapitalisten allmählich auch in eine politische umwandelte. Das fühlten die Kaiser in Konstantinopel auch und strebten fortan immer danach, sich von der Erfüllung

---

[1]) Siehe Kapitel V, wo auch die plötzliche Ablenkung des Verkehrs von Byzanz nach Aegypten klar zum Ausdruck gelangt.

[2]) Historia ducum p. 81.

[3]) Vgl. Cafari, Annales Januenses. Mon. Germ. SS. XVIII. p. 19, 68 und passim.

[4]) Joannes Kinnamos ed. Bonn. p. 281: τοίνυν καὶ τὸ ἀσυμμέτρως ἐντεῦθεν πλουτεῖν ταχὺ ἐς ἀλαζονείαν αὐτοὺς ἦρεν.

[5]) Ibidem.

ihres verhängnisvollen Versprechens loszumachen, was jedesmal den heftigsten Unwillen und die äußersten Gewalttaten der betroffenen Kaufleute hervorrief.

1108 noch leistete Venedig getreu seiner Verpflichtung, allerdings auch im eigenen Interesse, dem Kaiser Hilfe bei der Verteidigung von Durazzo gegen Boemund [1]). Doch als nach dem Tode des Alexios (1118) Kalojoannes auf den Thron gekommen war und die Venezianer eine Bestätigung ihrer Privilegien forderten, da wurde ihnen diese einfach verweigert [2]) (1119). Die Republik griff zu Gewaltmaßregeln. Die 1122 zur Unterstützung der Kreuzfahrer ausgelaufene Flotte belagerte auf dem Hinwege Korfu. Auf dem Rückwege geriet sie mit den Bewohnern von Rhodos in Streit, welche ihnen die Lieferung von Lebensmitteln verweigerten; sie machten kurzen Prozeß, erbrachen die Tore der Stadt, besetzten die Mauern und raubten Gold und Silber und andere Dinge in Menge. Darauf zogen sie nach Chios, nahmen die Stadt und überwinterten dort; auch hier machten sie reiche Beute. Dann kamen Samos, Lesbos, Andros und viele andere Orte an die Reihe und erlitten das gleiche Schicksal. Auch das reiche Methone (civitas opulentissima) wurde vollständig ausgeplündert. Zuletzt wurden auch die abgefallenen dalmatinischen Städte Spalato, Trau und Belgrad gezüchtigt, natürlich durch Ausraubung, und zum Gehorsam gebracht [3]). So entschädigte sich Venedig durch Raub für den entgangenen Handelsgewinn in Byzanz.

Das gespannte Verhältnis mit dem oströmischen Reich dauerte fort. 1126 überrumpelten 14 venezianische Galeeren die Insel Kephallonia und erbeuteten dort wieder einmal wertvolle Reliquien (den hl. Donatus) [4]). Der Kaiser antwortete [5]) mit Belästigungen aller Art, worauf der Doge wieder rüstete. Da endlich gab Kalojoannes nach, im August 1126 erneuerte

---

[1]) Dandolo col. 261. Annales Venetici breves. Mon. Germ. SS. XIV, p. 70.
[2]) Dandolo col. 269.
[3]) Historia ducum p. 74.
[4]) Dandolo col. 273.
[5]) Ibid. col. 274.

er das Diplom Alexios I.[1]). Die Venezianer erhielten ungeschmälert ihr Quartier in Konstantinopel, auch die Besteuerung der amalfitanischen ergasteria zum Vorteil der Bauverwaltung von S. Marco wurde bestätigt. Ebenso die Abgabenfreiheit aller Geschäfte, an denen Venezianer beteiligt sind, mögen beide Parteien oder nur Käufer oder Verkäufer dieser Nation angehören. Ein Vergleich mit den Vergünstigungen in Accon lehrt die Tragweite dieser Bestimmung.

Es folgte eine Periode friedlicher Beziehungen mit Byzanz, die von Venedig zu lebhaftem Handel benutzt wurde. Auch auf manchen Inseln des ägäischen Meeres erwarben venezianische Klöster Grundeigentum, das dann den Mittelpunkt einer Kolonistengemeinde bildete. So erhielt das Kloster S. Giorgio Maggiore auf der Insel Lemnos ein Oratorium am Ufer von Erzbischof Michael von Adrianopel (1136) geschenkt[2]); dasselbe Kloster besaß in Rodosto am Nordgestade der Propontis eine Kirche, welche die Maße und Gewichte verwahrte, die von den handeltreibenden Venezianern gegen Entgelt zu benutzen waren[3]). Konkurrenz kam für sie im griechischen Reiche kaum ernstlich in Betracht: sie waren frei von jeder Abgabe, während die Pisaner 4 %, ja die Genuesen sogar 10% Warenzoll zu zahlen hatten[4]). Um diese Differenz mindestens mußte der venezianische Gewinn größer sein.

Eine Störung dieses blühenden Verkehrs drohte von den Normannen, deren Eroberungsgelüste das byzantinische Reich und damit auch die venezianische Handelssuprematie gefährdeten. Schon ums Jahr 1135 hatten die Kaufleute der Republik empfindlichen Schaden durch normännische Piraterie erlitten. Ihre Gesandten am deutschen Kaiserhofe bezifferten die Warenverluste auf 40000 Talente[5]). Die Interessen Venedigs und

---

[1]) Tafel und Thomas I, p. 96 ff.
[2]) Ibid. p. 98 ff.
[3]) Urkunde vom September 1145. Tafel und Thomas I, p. 103 ff., p. 107 ff.
[4]) Vgl. Streit, Venedig und die Wendung des vierten Kreuzzugs gegen Konstantinopel (Agram 1877), p. 9.
[5]) Annales Erphesphurdenses Mon. Germ. SS. VI, p. 540. Heyd I, p. 216 übersetzt: 40000 Pfund Silber.

Kaiser Manuels, der Kalojoannes 1143 gefolgt war, fielen also zusammen, so daß dieser leicht ihre Zusage zur Beihilfe in dem Kampfe gegen König Roger von Sizilien erhielt. Letzterer hatte 1147 verheerende Plünderungszüge nach Morea unternommen und sich dann auf Kerkyra festgesetzt [1]). Hier entbrannte auch der Kampf zwischen den Normannen und dem großen Aufgebot Manuels, der an 1000, nach anderer Version sogar 1500 Schiffe aufgebracht haben soll, unter ihnen auch das venezianische Kontingent. Obwohl unter den belagernden vereinigten Flotten bedenkliche Zwistigkeiten ausbrachen [2]), mußte sich Korfu doch 1149 ergeben. — Zwei Goldbullen bildeten die kaiserliche Belohnung für die Unterstützung Venedigs.

Die erste ist datiert vom März 1147 [3]); sie verschaffte dem venezianischen Quartier in Konstantinopel eine beträchtliche Vermehrung, die jedenfalls durch die stets wachsende venezianische Kolonie dort dringend geboten war. Nach der Beschreibung der Urkunde muß ihr Besitz jetzt einen ganzen Stadtteil umfaßt haben. Auch die drei Landungstreppen wurden um eine weitere vermehrt. In dem zweiten Diplom vom Oktober 1148 [4]) wurde ein Mißstand beseitigt, der bisher die Kaufleute in Kreta und Cypern beschwert hatte, da in den früheren Verleihungen der vollen Abgabenfreiheit diese beiden Inseln nicht ausdrücklich genannt worden waren: das wurde jetzt besonders nachgeholt.

Wieder verliefen zwei Jahrzehnte ohne äußere Beunruhigungen. Auf Grund ihrer Vorrechte drangen die Venezianer immer tiefer in die Poren des oströmischen Reiches ein, immer mehr drängten sie die Einheimischen zurück und zwangen ihnen ihre wirtschaftliche Bevormundung auf. In Konstantinopel vornehmlich schufen sie sich eine zweite Heimat: sie gründeten Familien mit romäischen Weibern und ließen sich mit ihnen auch außerhalb des ihnen vom βασιλεύς verliehenen Gebietes nieder [5]). Manuel sah sich so genötigt, die dauernd in seinem

---

[1]) Niketas Choniates ed. Bonn. p. 98 ff. Kinnamos p. 92.
[2]) Kinnamos p. 98.
[3]) Tafel und Thomas I, p. 109 ff. Betreffs der Datierung vgl. C. Neumann in der Byzantinischen Zeitschrift, Bd. I (1892) p. 367.
[4]) Tafel und Thomas I, p. 114 ff.
[5]) Kinnamos p. 281 f.

Reiche ansässigen Kaufleute dem Staatswesen in einer besonderen Form einzugliedern. Er schuf für sie die rechtliche Stellung der βουργέσιοι: als solche mußten sie Untertanentreue geloben und wurden zu Steuern herangezogen [1]). Aber der Unwillen und der Haß der griechischen Bevölkerung gegen die fremden Eindringlinge nahm immer mehr zu. Durch Schriftsteller aller Parteien ist uns diese Volksstimmung als eine ganz allgemeine überliefert. Sie können sich kaum darin genug tun, den Charakter der Venezianer in den schwarzesten Farben auszumalen und ihnen die gehässigsten Namen beizulegen. Der Geheimschreiber Kaiser Manuels, Kinnamos, schildert sie als ein Volk von verdorbener Sinnesart, voll von Matrosenroheiten; besonders nach ihrer Rehabilitierung durch Kaiser Joannes sei ihnen der Kamm geschwollen, „denn bekanntlich arte die Anmaßung, die sich gestützt glaube, in Ruchlosigkeit aus;" so hätten sie selbst Männern aus der Verwandtschaft des Kaisers Kränkungen und Beleidigungen zugefügt [2]). Ein ganz ähnliches Bild entwirft Niketas, der Geschichtschreiber der Opposition, d. h. der Angeloi [3]). Er nennt die Venezianer verschlagene Vagabunden nach Art der Phöniker „ἄνδρες θαλάττης τρόφιμοι;" als sie großen Reichtum erworben, seien sie übermütig und unverschämt geworden, so daß sie selbst die Befehle und Drohungen des Kaisers mißachteten [4]). Am weitesten in den Schmähungen geht der Panegyriker Eustathios, Erzbischof von Thessalonich. Er spricht mit der größten Entrüstung von der adriatischen Kröte, der Land- und Wasserschlange, dem Sumpffrosch, dem heimtückischen, böswilligen adriatischen Seeräubervolk [5]). — Die Katastrophe von 1171 darf daher auch als voller Ausdruck der Volkswut gegen die Kapitalistenklasse angesehen werden.

---

[1]) Kinnamos p. 282.
[2]) Ibidem p. 280.
[3]) Tafel, Komnenen und Normannen. Ulm 1852, p. XVIII, 102, Anmerkung.
[4]) Niketas p. 222—223.
[5]) Tafel a. a. O. p. 126 f. Diese zeitgenössischen Urteile über Venedig können zur Ergänzung der von Lenel a. a. O. p. 75, Note 2 gegebenen Zusammenstellung dienen.

Cashier—Please Pull...

H P

Bin 4 Price 2.20

Author Luzan

Title Kapitalismus in
Venedig

Publisher

Source

Storage

Subject ger.

Anderseits unterrichten uns venezianische Quellen darüber, daß Manuel vor der Macht der venetischen Kolonisten nicht geringe Besorgnis hegte[1]). Betrug doch ihre Zahl allein in der Hauptstadt über 10000; sie bildeten wirklich einen Staat im Staate. Auch soll es den Kaiser nach den großen Reichtümern der Kaufleute gelüstet haben. Als persönliches Motiv kam für ihn endlich noch die Erinnerung an die ihm 1148 vor Korfu von Venezianern angetane Schmach hinzu, deretwegen er tiefen Groll in seiner Seele hegte[2]). Die so schon vorhandene Spannung wurde noch vergrößert, als der Kaiser in Verfolgung seiner hochfliegenden Pläne an der Ostseite Italiens, in Ancona, sich festzusetzen suchte, wodurch Venedig seine Vorherrschaft in der Adria bedroht sah. Die direkte Veranlassung zum Losschlagen bot vielleicht ein Überfall der genuesischen Quartiere in Konstantinopel durch Venezianer[3]). Jedenfalls lockte Manuel durch hinterlistige Versprechungen eine große Zahl von Kaufleuten mit ihren Waren aus Venedig nach Byzanz, um am 12. März 1171 auf einen Schlag alle Venezianer in seinem Reiche gefangen zu nehmen und ihre Güter zu konfiszieren[4]).

Die Kunde von dieser Gewalttat rief in Venedig äußerste Empörung und den Schrei nach Rache wach. Eine innere Zwangsanleihe von 1 % aller Vermögen brachte die Mittel zum Neubau von 100 Galeeren und 20 Lastschiffen, der in 100 Tagen vollendet gewesen sein soll, auf[5]). An die Spitze der Flotte stellte sich der Doge Vitale Michiel; er verheerte die griechischen Küsten und Inseln, doch eine furchtbare Seuche zwang ihn bald zur Heimkehr. Das Volk schob die Schuld an dem Mißerfolg der Saumseligkeit des Dogen zu und ermordete ihn in einem Aufstande[6]). Damit war ein jäher

---

[1]) Historia ducum p. 78: Timebat enim illos multum, sciens eos multa fecisse.
[2]) Niketas p. 114—115, 223.
[3]) Genuesische Gesandteninstruktion bei Sauli, Della colonia dei Genovesi in Galata 1831, II, p. 185. Kinnamos p. 282. Vgl. Heyd I, p. 237.
[4]) Einzelheiten siehe Kap. V.
[5]) Vgl. die Bemerkungen Predellis bei Cecchetti, La vita dei Veneziani fino al 1200, p. 71.
[6]) Hist. duc. p. 79, 80.

Bruch in die Beziehungen mit Byzanz getreten; auf lange hinaus lag der Handel danieder. Die angeknüpften Unterhandlungen führten vorläufig zu keinem Ergebnis [1]). Als aber die Venezianer sich mit dem Normannenkönig Wilhelm II. von Sizilien in Verbindung setzten, mit ihm ein Bündnis schlossen und sich ein Handelsdiplom ausstellen ließen (September 1175) [2]), da wurde der Kaiser sehr beunruhigt. Wie Niketas [3]) berichtet, kam eine Versöhnung zu stande; der Kaiser ließ die Gefangenen frei und erklärte sich bereit, alle ihnen genommenen Waren, soweit sie noch vorhanden wären, zurückzuerstatten. Die Venezianer aber hielten es für vorteilhafter, sich eine Entschädigungssumme für alle Verluste zusammen zahlen zu lassen; Manuel versprach ihnen 15 κεντηνάρια χρυσίου in Jahresraten. Zu seinen Lebzeiten ist indes nichts davon bezahlt worden. Vielleicht fand das Abkommen 1179 statt. Denn aus dem November dieses Jahres [4]) datiert die erste aus der Reihe von Urkunden, die Zeugenaussagen freigelassener Venezianer zur Aufklärung näherer Umstände bei der Gefangennahme zu Protokoll nahmen. Auf jeden Fall blieben die Beziehungen noch gespannte und erlitten bald darauf noch einmal einen harten Stoß, von dem die venezianischen Chronisten auffallenderweise gar nichts zu erzählen wissen [5]). Diesmal richtete sich die Bewegung gegen alle in Konstantinopel ansässigen Lateiner und ging noch weit mehr aus der Initiative der Bevölkerung selbst hervor.

Manuel war 1182 mit Hinterlassung eines unmündigen Sohnes gestorben; die Regentschaft führte seine Witwe und

---

[1]) Hist. duc. p. 81.
[2]) Tafel und Thomas I, p. 171 ff.
[3]) p. 225 f.
[4]) St.-A. S. Zacc. Perg. b. 25. Der Verkehr mit den südlichen Teilen Griechenlands war übrigens schon 1175 wenigstens teilweise wieder aufgenommen worden. Vgl. Urkunde aus Theben, März 1176 und aus Venedig, März und Mai 1178 a. a. O., wo der Besuch von Skyllace und Coltrone in Aussicht genommen wird.
[5]) Meines Wissens enthält auf venezianischer Seite nur eine im Juni 1182 in Alexandria von Kaufleuten gemachte Aussage eine Erwähnung der Vorfälle in Konstantinopel. St.-A. a. a. O. Inhaltsangabe der Urkunde von Cecchetti im Archivio Veneto II, p. 118 f.

der Protosebastos Alexios. Letzterer machte sich durch seine Tyrannei mißliebig und rief eine Verschwörung unter dem Adel hervor, welcher den früher verbannten Andronikos Angelos herbeirief[1]). Den nun entbrennenden Bürgerkrieg benutzte das Volk, um seinem Groll gegen die Lateiner und Franken Luft zu machen, deren Zahl in Konstantinopel nach Eustathios auf 60000 angestiegen war[2]). Es fand (April 1182) eine entsetzliche Metzelei unter den Lateinern, besonders den Weibern, Kindern und Greisen, statt, während es einer nicht unerheblichen Schar kampffähiger Männer gelang, sich in die Schiffe am Ufer zu stürzen und durch Verwüstungen aller erreichbaren Ansiedlungen an der Küste des Marmarameeres und darüber hinaus Rache zu nehmen, sowie sich durch Ausplünderung der reichen Klöster für die erlittenen Verluste vielfach zu entschädigen[3]).

Es war die letzte blutige Reaktion der nationalen Partei in Byzanz gegen die Herrschaft der Ausländer. Im Februar 1184 pachtete bereits wieder ein Venezianer vom Gradenser Patriarchen ein Verkaufslokal in Konstantinopel[4]). Jetzt endlich drang auch die Republik mit ihren Schadensersatzforderungen für die Güterkonfiskation von 1171 durch. Die Kaufmannschaft hatte gewaltige Verluste erlitten, die der Doge eidlich und eventuell durch Zeugenaussagen feststellen und in die Kataster der Kommune eintragen ließ; sie beliefen sich beim Eintreffen der ersten Entschädigungsrate auf etwa 330000 Goldperpern. Die erste Rate schickte Kaiser Andronikos 1184 oder 1185 im Betrage von 7200 Perpern, so daß die eingesetzte Kommission der Examinatores nur eine Dividende von 2,2 % herausrechnen konnte[5]). Die Erneuerung der

---

[1]) Wilhelm v. Tyrus Lib. XXII, cap. 11. (In den Gesta Dei per Francos.)
[2]) Eustathii opuscula ed. Tafel, Frankfurt 1832, p. 275: ὑπὲρ ἑξήκοντα χιλιοστύας ἐχέοντο εἰς ἀριθμόν.
[3]) Wilh. v. Tyrus XXII, cap. 13: Ex quibus locis infinitas auri, argenti, gemmarum et holosericorum dicuntur traxisse copias: unde dannum rerum amissarum et dispendia bonorum suorum multiplici foenore sibi poterant recompensare.
[4]) Tafel und Thomas I, p. 177 f.
[5]) Diese Ziffern und Daten ergeben sich aus einigen Privaturkunden im St.-A. a. a. O.: Urkunde vom November 1185: Pro quo videlicet oleo

alten Chrysobulle kam aber erst im Februar 1187 unter Isaak Angelos zu stande¹). Die Venezianer wurden in alle Rechte wieder eingesetzt, alle Verleihungen von Alexios I., Joannes und Manuel bestätigt. Hinzugefügt aber wurde noch eine dritte Urkunde, welche die Gegenleistungen der Venezianer fixierte. Wie C. Neumann annimmt, gehörten schon zu den früheren Bullen solche Gegenstücke, welche die Verpflichtungen der Republik im einzelnen regelten, so daß wir hier nur das erste uns erhaltene Exemplar der ihr von Byzanz aus erteilten Marineinstruktion vor uns hätten²):

Venedig soll, falls der Kaiser angegriffen wird, innerhalb sechs Monaten nach Benachrichtigung des Dogen 40—100 Galeeren, jede mit 140 Ruderern, ausrüsten. Die Kosten trägt der griechische Fiskus; er bezahlt dem Befehlshaber eines Geschwaders von 5 Galeeren 60 Perpern. Diese Kommandeure müssen die vorschriftsmäßige Ausrüstung der Schiffe beschwören und können dann den Sold für die Mannschaft in Empfang nehmen; derselbe soll in der gleichen Höhe wie 1148 vor Korfu ausbezahlt werden. Der Kaiser hat in bestimmten Fällen das Recht, die in Romanien weilenden Venezianer gegen die übliche Besoldung zum Galeerendienst zu verwenden, und zwar drei von je vier unter Beobachtung der Altersgrenzen von 20 und 60 Jahren; dies geschieht besonders dann, wenn

---

(i. e. 5¼ milliaria) in catasticis nostri communis scripti sunt perperi aurei septuaginta tres et medius. Et quia dominus Andronicus, Constantinopolitanus imperator, propter illud habere, quod hominibus Venecie tunc temporis intromissum et ablatum fuit, per nostros legatos transmisit hic in Veneciam tantos perperos aureos, de quibus per unumquemque perperum advenit medium caratum aureum et medium denarium Venecialem, secundum quod nostri examinatores extimaverunt. Urkunde vom Dez. 1185: De quo habere hominum Veneticorum dominus Andronicus imperator Constantinopoli per legatos domini ducis in Venetiam mandavit libras yperperorum centum. Unde evenit unicuique pro sua perdita facta ratione per prudentes viros, quibus fuit hec causa commissa, per unumquemque perperum medium caratum et medium Venetialem. Vgl. ferner eine andere Urkunde vom Dez. 1185, Aug. 1188, März 1190 (letztere im Exkurs aufgeführt). Für die Berechnung siehe den Exkurs; in dieser Zeit gelten etwa 2 Perpern gleich 3 £ venezianischer Denare.
¹) Tafel und Thomas I, p. 179 ff.
²) Byzantinische Zeitschrift I, p. 368 ff.

die in Venedig bestellte Flotte nicht zum festgesetzten Termin auslaufen kann oder wenn der Kaiser unvorhergesehen dringend einer geeigneten Unterstützung bedarf; das Aushebungsgebiet beschränkt sich in einem solchen Falle auf die in Konstantinopel und seiner Umgegend bis nach Abydos, Philadelphia und Adrianopel wohnenden Venezianer. Wird eine griechische Stadt feindlich angegriffen, so haben auch die venezianischen Einwohner sich an ihrer Verteidigung zu beteiligen. Venedig behält sich dagegen vor, dem Kaiser gegen einen Feind, mit dem es selber in freundschaftlichen Beziehungen steht, nicht zu helfen; gemeint sind in erster Linie der deutsche Kaiser und der König von Sizilien. Es verspricht aber, den byzantinischen Plänen in Italien Vorschub zu leisten, soweit das mit seinen Interessen vereinbar sei.

Die ganze Schadensersatzfrage war in diesen Urkunden gar nicht berührt worden und dennoch harrte sie noch der Regelung, wie wir aus einem neuen Diplom vom Juni 1189 erfahren[1]. Von den versprochenen 1500 Pfund oder 108000 Perpern hatte Andronikos erst eine Rate abbezahlt (100 Pfund). Kaiser Isaak verpflichtete sich jetzt, 2 Centenarien auf der Stelle zu zahlen und die restierenden 12 in 6 jährlichen Teilzahlungen. Da aber diese Summen bei weitem nicht zur Deckung der in Venedig angemeldeten Verluste ausreichten, die mittlerweile auf ca. 390000 Perpern angestiegen waren, so wurde den Venezianern auf das Verlangen ihrer Gesandten eine jährliche Einnahme von 3600 Perpern aus den Gefällen an den Landungsplätzen und Verkaufsarkaden der Franken und Deutschen in Konstantinopel zugewiesen[2]. Endlich wurde ihnen noch

---

[1] Tafel und Thomas I, p. 206 ff.

[2] Isaak schickte sogleich 250 Pfund Perpern, 200 als Rate und 50 aus den Gefällen; bei ihrer Verteilung entfiel auf 1 Perper 1 1/10 Karat, was einem gebuchten Totalverlust von 392724 Perpern entspricht. Urkunde vom März 1190: Et tibi ablati fuerunt in partibus Romanie propter preceptum domini Manuelis imperatoris Constantinopoli, secundum quod scriptum est in catastico nostri communis, et ego ad dicendum habui ipsam racionem de illis ducentis quinquaginta libris de perperis, quas dominus Zurchakius imperator constantinopoli misit in Veneciam pro parte de ipso habere, quod Veneticis ablatum fuit in Romania, de quibus advenit, cui contingit, secundum quod partiti fuerunt, de unoquoque perpero unum karatum et

strenge Exekution der Schuldner bei Eintreibung rückständiger Zahlungen zugesichert.

Durch die stetig zunehmende Latinisierung und insbesondere Venezianisierung des Ostreichs wurde dessen Sturz und Umwandlung ganz organisch vorbereitet, so daß die Errichtung von abendländischen Herrschaften in Griechenland nur als der natürliche Abschluß der Entwicklung erscheint, als die politische und rechtliche Sanktionierung eines tatsächlich schon lange bestehenden Abhängigkeitsverhältnisses.

Einige Jahre vor dem Zusammenbruch, im November 1198, nach einem abermaligen gewaltsamen Thronwechsel, der Alexios III. an die Stelle seines Bruders Isaak treten ließ (1195), wurden den Venezianern noch einmal auf ihr Ersuchen alle ihre Privilegien von vier Kaisern her erneuert und bestätigt[1]: noch einmal wurde ihre ausnahmslose Abgabenfreiheit im Handel durch das ganze Reich zu Wasser und zu Lande, auf Schiffen, Saumtieren oder Lastwagen, festgestellt, noch einmal alle Provinzen und Städte, von der Küste bis tief in das Binnenland, aufgezählt, die ihnen damit offen standen, endlich ihr Gerichtsstand bestimmt, der sich nach der Nationalität des Angeklagten richten sollte, mit der Garantie einer maximalen Prozeßdauer von 20—30 Tagen. Neu hinzu kam die Zusicherung einer strengen Bestrafung, falls wieder Griechen in einem Aufstand sich an venezianischem Eigentum vergreifen sollten, sowie die ausdrückliche Ausschließung jedes staatlichen Erbrechts an untestierten Hinterlassenschaften.

---

decimam partem unius karati. Eine weitere Entschädigungsrate traf vielleicht 1191 ein: Urkunde vom Dez. 1191 im St.-A. a. a. O. Im Juli 1193 werden 50 Pfund Perpern genannt, die Isaak de pensionibus domorum de Constantinopoli schickte. Im übrigen aber gilt die Bemerkung des Chronicon Justiniani (Mon. Germ. SS. XIV, p. 92): Tamen dicta peccunia integre soluta sive plenarie numquam fuit, donec Constantinopolitana civitas a Venetis capta est et viriliter obtenta.

[1] Tafel und Thomas I, p. 248 ff.

Viertes Kapitel
Innere Organisation des venezianischen Seehandels

Die notwendige Ergänzung zu der Darstellung in den vorangegangenen Kapiteln, die sich vorwiegend mit der Ausbreitung der Handelsbeziehungen, mit der äußeren Handelspolitik und ihren Wechselfällen beschäftigten, bildet die Betrachtung der Innenseite des imposanten Gebäudes, die Aufdeckung seiner inneren Struktur und die begriffliche Feststellung der gefundenen Resultate. Damit sind jedoch nicht so sehr die Fragen der eigentlichen inneren Handelspolitik gemeint als vielmehr der wirtschaftliche Aufbau des kommerziellen Lebens hinsichtlich seiner Entwicklungsstufe, das schon in der Einleitung berührte Problem, ob der venezianische Handel in den Formen eines „handwerksmäßigen" Krämerbetriebes sich vollzog, wie Sombart will, oder ob auf seine Erscheinungsformen nicht etwa dessen eigene Definition von einer kapitalistischen Unternehmung paßt.

Das Material zu der folgenden Darstellung liefern etwa 20 gedruckte[1]) und 300 ungedruckte[2]) venezianische Handelsprivaturkunden aus dem Zeitraum von 1039—1203. Da Handlungsbücher in dieser Zeit noch nicht geführt wurden, sind solche Verträge unsere einzige Quelle für den kaufmännischen Geschäftsbetrieb im frühen Mittelalter. Bisher sind über diesen Gegenstand, gestützt hauptsächlich auf das umfangreiche publizierte genuesische Material, nur Abhandlungen von juristischer Seite

---

[1]) Unter den von A. Baracchi unter dem sehr äußerlichen Gesichtspunkt der Zugehörigkeit zum Archivio notarile in Bd. VII, VIII u. IX des Archivio Veneto publizierten Privaturkunden.

[2]) St.-A. S. Zacc. Perg. busta 24, 25, 26.

Heynen, Zur Entstehung des Kapitalismus in Venedig

erschienen [1]). Da diese sich naturgemäß auf die in ihr Fach schlagenden Punkte beschränken und auch die spezifisch venezianischen Verhältnisse wegen der Unzulänglichkeit des veröffentlichten Stoffes nicht genügend berücksichtigen, so dürfte hier eine eingehendere Behandlung vom wirtschaftlichen Standpunkte aus am Platze sein. Zu statten kommt einer solchen Betrachtung die Art der Überlieferung der venezianischen Urkunden, die sich wesentlich von der genuesischen unterscheidet. Denn in Genua sind nicht die Originalpergamente, sondern das umfangreiche Notularium eines Notars erhalten, in dem dieser sorgfältig über alle bei ihm abgeschlossenen Verträge Buch führte [2]). Dadurch sind wir zwar über den Inhalt von ca. 1000 Urkunden aus den Jahren 1155—1164 und damit über die ausgedehnte Tätigkeit eines Notars orientiert, die einen Rückschluß auf die Intensität des Handels gestattet, aber es ist uns nicht möglich, eine einzelne Unternehmung in einem gegebenen Zeitpunkte vollständig zu übersehen und ihre Entwicklung eine größere Strecke weit zu verfolgen. In Venedig dagegen sind sozusagen die Dokumentenmappen verschiedener Kapitalisten und Unternehmer selbst erhalten, allerdings zum großen Teil sehr lückenhaft. Der vollständigsten dieser Sammlungen ist das folgende Kapitel gewidmet. Daneben aber gewinnen wir noch Einblicke in den Handelsbetrieb des Domenico Mastroscoli im 11. Jahrhundert, des Dobramiro Staniario in der ersten Hälfte, des Pancrazio Staniario und Pietro Damolino in der zweiten Hälfte des 12. Jahrhunderts; aus letzterer stammen auch die Urkunden des Viviano Faliero und seiner Söhne, sowie die des Kapitalisten Vitale Voltani. Den Rest bilden eine größere Zahl vereinzelter Dokumente, die den Beweis liefern, daß wir in den genannten Männern die typischen Unternehmergestalten im venezianischen Seehandel des 11. und 12. Jahrhunderts zu erblicken haben und demgemäß die aus ihren Urkunden gewonnene Anschauung gefahrlos generalisieren dürfen.

---

[1]) Grundlegend: Silberschmidt, Die Commenda. Würzburg 1884. Max Weber, Zur Geschichte der Handelsgesellschaften im Mittelalter 1889. Goldschmidt, Universalgeschichte des Handelsrechts 1891.
[2]) Historiae Patriae Monumenta. Chartarum Tom. II.

Die Quellen für die älteste Zeit fließen zu spärlich, als daß wir uns ein genaues Bild von dem Handelsbetriebe in den Lagunen vor Beginn des 11. Jahrhunderts machen könnten. Manches deutet darauf hin, daß z. B. im 9. Jahrhundert die höchsten Würdenträger des Staates, der Doge und Patriarch, weit mehr in direkter Weise an Handel und Schiffahrt beteiligt waren, als dies die öffentliche Meinung der späteren Jahrhunderte für vereinbar mit ihrer hohen Stellung hielt, was schließlich in ausdrücklichen gesetzlichen Verboten feste Gestalt gewann. In einer Urkunde vom Jahre 924 werden negotiatores des Dogen genannt, die anscheinend auf seinen Namen und auf seine Rechnung Geschäfte abschlossen; auf sie wurden die Spezialvergünstigungen des Dogen im Handel mit dem regnum ausgedehnt. Mit dem Abtreten des Geschlechtes der Particiaci von dem politischen Schauplatz, das immer großen Wert auf seine Handelsprivilegien legte, verliert sich jede Spur dieser fürstlichen Handelsunternehmungen. Jedenfalls aber waren schon damals auch die uns aus späterer Zeit bekannten Formen des Handels üblich. An den Schiffen z. B., die 960 mit verbotener Ladung nach dem Magreb auslaufen wollten, waren augenscheinlich auch einflußreiche Kapitalisten interessiert. Man sah nämlich von der gesetzlichen strengen Bestrafung der Kaufleute ab „propter paupertatem hominum," wie die Urkunde motiviert, vermutlich aber nur deshalb, weil viele der Vornehmen selber ihr Geld in das Unternehmen gesteckt hatten. In derselben Urkunde wird auch der Nauklerus zum ersten Mal erwähnt, eine der griechischen Terminologie entlehnte Bezeichnung, die beweist, daß die Venezianer auch ihre ältesten Handelsgebräuche den Byzantinern ablernten [1]). 976 finden wir denn auch alle Namen der Seeverträge in einer konventionellen Quittungsformel vereinigt [2]), so daß wir ihnen in der Tat ein hohes Alter zugestehen müssen. Seit dem 11. Jahrhundert können wir dann an der Hand der erhaltenen Originale die Entwicklung genauer verfolgen.

---

[1]) Den genuesischen Chartae ist der Nauklerus unbekannt. In Amalfi aber treffen wir ihn bezeichnenderweise wieder. Urkunde von 1105 bei Camera, Storia d'Amalfi I, p. 210.

[2]) Ficker a. a. O. p. 40.

Fassen wir zunächst die am Handel beteiligten Personen ins Auge, so zerfallen sie oberflächlich betrachtet in zwei Klassen: in Kapitalisten und Unternehmer. Die ersteren strecken das Kapital vor gegen Zins oder Gewinnbeteiligung, die letzteren übernehmen die Ausführung der Geschäfte. Der Handel war eine beliebte vorteilhafte Anlage flüssiger Gelder, wie ·wir das bereits früher bei der Stiftung Pietro II. Orseolo 1007 gesehen hatten. Aber es ist falsch, mit Sombart eine soziale und wirtschaftliche Kluft zwischen den Geldbesitzern und den „Handwerkerhändlern" anzunehmen[1]). Denn in Venedig sehen wir die Namen der edlen Familien auf beiden Seiten. Die Morosini und Falieri treten bald in der einen, bald in der anderen Rolle auf, und wenn der kaufmännische Unternehmer gerade eine Summe nicht im eigenen Betriebe verwerten kann, so leiht er sie zur nutzbringenden Verwertung an einen anderen aus, gerade so, wie Sieveking uns das von dem Geschäfte der Brüder Soranzo im 15. Jahrhundert gezeigt hat[2]). Hier also eine feste Grenze zwischen Arbeit und Kapital zu ziehen, ist ganz verkehrt.

In dreifacher Stellung treffen wir den Unternehmer im venezianischen Seehandel. In der Mehrzahl der Fälle war er ein einfacher mercator, wie ihn die Statuta navium nennen, der für sich und seine Waren auf einem fremden Schiff einen Platz mietete. Oft aber war er zugleich der Nauklerus eines Schiffes. Seiner ursprünglichen Wortbedeutung nach heißt Nauklerus „Schiffsvermieter", wie noch heute der italienische nocchiero, und das war auch ein wichtiger Zweig seiner Tätigkeit, aber nicht der einzige. Der venezianische Nauklerus ist gleichzeitig Kapitän, also nautischer Leiter des Schiffes und Vorgesetzter der Schiffsmannschaft, und kaufmännischer Unternehmer großen Stils. Teils vermietet er im Dienste des Patrons oder der Gesellschaft, die Eigentümerin des Schiffes ist, den Schiffsraum an die erwähnten mercatores, teils aber befrachtet er ihn auf eigene Rechnung mit Waren, die er durch Seedarlehens- oder Commendaverträge sich ver-

---

[1]) A. a. O. I, p. 182.
[2]) In Schmollers Jahrbüchern N. F. 26, 2 (1902), p. 192 ff.

schafft hat. Nach ihm, als der Hauptperson, wird auch das Schiff genannt, seltener durch Angabe des Eigentümers oder des besonderen Schiffsnamens, im Gegensatz zur genuesischen Sitte. Nicht selten gelang es einem Nauklerus, selber in den Besitz eines Schiffes zu kommen und so zum Reeder zu werden. Der Reeder führte sein Schiff entweder selber oder engagierte sich einen in Geld bezahlten Nauklerus. Letzteres mußte er natürlich tun, wenn er mehrere Schiffe besaß. Viele große Reeder wird es indes nicht gegeben haben, der genossenschaftliche Besitz des Schiffes bildete die Regel, schon zur Verteilung des hohen Risikos.

Ehe wir nun dazu übergehen, die Betriebsweise dieser Unternehmungen im einzelnen zu untersuchen, müssen wir erst noch auf das wichtigste Hilfsmittel des Seehandels einen Blick werfen, auf das Schiff selbst. Um sich von diesem im 11. und 12. Jahrhundert eine deutliche Vorstellung zu machen, genügt es nicht, sich allein auf die gleichzeitigen Nachrichten zu beschränken, da ihre Ausbeute eine allzu geringe sein würde. Wir werden wohl mit der Annahme nicht fehlgehen, daß das Capitulare nauticum Venetum oder die Statuta navium, deren Anfänge bis 1205 zurückreichen, die dann 1227 von Pietro Ziani redigiert[1]) und endlich in erweiterter Fassung 1255 von Reniero Zeno[2]) erlassen wurden, nur eine schriftliche gesetzliche Fixierung von schon lange bestehenden Bräuchen waren und darum zur Veranschaulichung der Verhältnisse in den unmittelbar vorhergehenden Jahrhunderten dienen können; wenn auch gewiß einzelne Vorschriften, wie die bezüglich der Armierung und schärferen amtlichen Kontrolle erst damals neu hinzugekommen sein mögen.

Das venezianische Kauffahrteischiff (navis) war im Gegensatze zu der Galeere (galea), die von 100—140 Ruderern getrieben wurde und meist öffentlichen Zwecken diente, ein Segelschiff mit zwei Masten: dem (mittleren) Hauptmast (arbor de medio) und dem (vorderen) Fockmast (arbor de proda).

---

[1]) Abgedruckt bei Romanin a. a. O. II, p. 441 ff.; in Regestenform bei Predelli, Liber Communis detto anche L. Plegiorum, Nr. 511.
[2]) Letzte Ausgabe von Tafel und Thomas a. a. O. III, p. 404—448.

Die größeren Schiffe besaßen zwei Verdecke, die coperta inferior und die coperta superior. Die Ladung sollte sich, von einigen Ausnahmen abgesehen, nur in dem Raum unter der coperta inferior befinden [1]). Dieser wurde nach Fertigstellung des Schiffes durch staatliche Beamte ausgemessen und danach das Schiff auf eine bestimmte Ladefähigkeit geaicht. Bestraft wurde es daher, wenn der Patron nach der Vermessung den Laderaum durch Höherlegung des unteren Deckes vergrößerte [2]) oder Waren vorschriftswidrig im Zwischendeck (corredorium, glava) unterbrachte [3]). Kreuzförmige Klammern (cruces) in der Höhe der unteren Deckplanken dienten als Ausgangspunkt bei der Abschätzung; sie mußten deshalb immer frei bleiben und durften nicht durch Waren u. s. w. verdeckt werden [4]): bei Schiffen, die noch keine 5 Jahre alt waren, durften sie bis 2½ Fuß tief ins Wasser tauchen, im 6. und 7. Jahre 2 Fuß und dann nur mehr 1½ Fuß [5]). Nach dieser Nettoladefähigkeit für Waren, bei Außerachtlassung aller anderen Gegenstände für Ausrüstung des Schiffes und die persönlichen Bedürfnisse der Seefahrer, stuften sich die Schiffe ab in Fahrzeuge für 200000 bis 1 Million Pfund Ladung [6]).

In fester Proportion zu der Ladefähigkeit stand die Ausrüstung (sarcium). Das Schiff besaß danach 7—20 Anker, 14—44 Hanftaue (canovi), jedes 62—80 Schritt lang, 7 bis 20 Endegarien [7]). Alles übrige: Segel, Rahen, Takelwerk u. s. w., war meist der freien Vereinbarung des Schiffers mit den Ladungsinteressenten überlassen. — Ein Schiff der größten Art scheint jenes gewesen zu sein, das 1197 Bernhard de Cerclaria in Bibons [8]) für venezianische Besteller bauen ließ. Da es 20 Anker hatte, so ist auf eine Nettoladefähigkeit von

---

[1]) Stat. nav. Nr. C.
[2]) Ibidem Nr. CV.
[3]) Ibidem Nr. LIX, CI.
[4]) Ibidem Nr. XLIX.
[5]) Ibidem Nr. LXXII.
[6]) Nr. VII—XVI.
[7]) Ibidem. Die Bedeutung der endegaria ist mir dunkel.
[8]) Urkunde aus Aquileja, 13. September 1197, im Archivio Veneto XXII, p. 315 f. Mit Bibons ist vielleicht Bibiones, eine Insel zwischen Grado und Caorle, gemeint. Vgl. Joh. Diac. p. 64.

1000 Milliarien zu schließen. Sein Zubehör bestand, soweit es in der Urkunde besonders angeführt ist, in 2 Segelbarken (barchae cum suis velis), jede mit 24 Rudern, einem Boot (battellum) mit 8 Rudern, 5 großen und kleineren Segeln, zahlreichen Masten, Rahen u. s. w. Die Ausrüstung wog insgesamt 18 000 Pfund; der Gesamtpreis betrug 5000 £ venezianischer Denare [1]).

Auf dem hinteren Teile des Deckes am Hauptmaste befand sich die berthesca, wahrscheinlich ein erhöhter Punkt, von dem aus der Nauklerus seine Befehle erteilte [2]). Als Armierung war je nach der Größe des Schiffes eine Anzahl Ballisten nebst einem Vorrat von Handwaffen vorgeschrieben [3]).

Im Zwischendeck waren die Kajüten (camerae) für die Kaufleute und die Mannschaft angebracht. Der Teil vom Großmast bis zum Heck (corredorium) war ausschließlich für die Patrone, Naukleri und Kaufleute reserviert. Die Matrosen hatten ihre Schlafräume von der Vorderluke (porta de proda) an nach dem Buge zu. Übertretung dieser Vorschriften wurde bestraft [4]). In diesem vorderen Teil des Zwischendecks (glava) wurde auch der Proviant verstaut [5]). Was diesen anlangt, so hatte jeder für sich selbst zu sorgen, auch der Matrose.

Letzterer (marinarius) wurde vom Patron gegen eine feste Heuer (marinaricia) geworben, konnte aber vor Beendigung der Fahrt nur mit Zustimmung der Majorität der Kaufleute entlassen und durch einen anderen ersetzt werden [6]). Er mußte mindestens 18 Jahre alt sein und durfte weder Soldat, Pilger, Diener noch Matrose eines anderen Schiffes sein [7]). Seine Bewaffnung sollte bestehen in einem Helm von Eisen oder Leder,

---

[1]) Dieser Preis ergibt sich aus folgenden Angaben: Bernhard verkauft 4 sortes zu 200 £; 1 sors = 50 £; das Schiff besitzt 100 sortes; 50 × 100 = 5000 £. Die Ladefähigkeit läßt sich auch so berechnen: 1 sors entspricht gewöhnlich 10 000 Pfund der Ladung (vgl. Kap. V, August 1155); 100 × 10 000 = 1 000 000 Pfund.
[2]) Stat. nav. Nr. CXXVI. Vgl. Ducange, Glossarium.
[3]) Stat. nav. XXXVII—XLI.
[4]) Ibid. XXVI, XXXIV.
[5]) Ibidem LIX.
[6]) Ibidem XLVI.
[7]) Ibidem XXXII.

einem Kriegsmantel (zupa), einem Messer, einem Degen und drei Lanzen. Überstieg seine Jahresheuer 40 £, so mußte er außerdem noch einen eisernen Panzer haben. Für den Nauklerus kam zu diesen Waffen noch eine Armbrust aus Horn mit 100 Bolzen[1]). Jeder Matrose war berechtigt, eine Matratze oder ein Bett, eine Kiste für seine Habseligkeiten, sowie ein gesetzlich fixiertes Quantum von Proviant ohne Frachtzahlung an Bord zu nehmen. Dieses Quantum bestand in 2 $\frac{1}{4}$ Sextarien Mehl und Zwieback, 1—2 Fäßchen (bigoncii) Wein und Wasser und dem erforderlichen Brennholz[2]). Die Berechtigung zu demselben „Freigepäck" hatten auch die mitfahrenden Kaufleute, Soldaten und Priester. Was sie darüber hinaus mitnahmen, mußte die übliche Fracht zahlen.

Sehen wir uns endlich noch den Vorgang an, der sich vom Beginn der Beladung eines Schiffes bis zu seiner Abfahrt aus Venedig abspielte. Begonnen wurde mit dem Ballasten, das wie die eigentliche Befrachtung auf Kosten des Patrons geschah. Als Ballast (saorna) sollte Eisen, Blei, Zinn und unverarbeitetes Kupfer verwendet werden[3]), eventuell auch Glas in Klumpen, Schmirgel, Farberden, Steinalaun oder weißer Alaun aus Alexandria[4]). Der Patron durfte den Ballast nicht eigenmächtig verringern, außer zum Einlauf in den Hafen von Rialto oder mit Zustimmung eines Ausschusses der Ladungsinteressenten[5]). Es folgte sodann die Verladung der übrigen Waren, von denen die Statuten ein langes Verzeichnis geben[6]). Sie wurden von den Schiffsschreibern (scribani)[7]) in Empfang genommen, auf der Schiffswage, die bis 700 Pfund wiegen konnte[8]), abgewogen und ihr Gewicht in eine Liste (quaternum) eingetragen. Uns ist der Inhalt einer solchen Liste von einem venezianischen Schiffe, das im April oder Mai 1182 im

---

[1]) Stat. nav. Nr. XXXV.
[2]) Ibidem LXVII—LXX.
[3]) Ibidem CXV.
[4]) Ibidem CXVI.
[5]) Ibidem III, V.
[6]) Ibidem CXVII.
[7]) Früher besorgte das wohl der Geistliche und Notar.
[8]) Stat. nav. XLII.

Hafen von Nauplion für Alexandria Ladung nahm, zufällig überliefert, leider nur teilweise mit zahlenmäßigen Angaben[1]). Danach bestand die Ladung aus: 67000 Pfund Öl, Kupfer, weiteren 9000 Pfund Öl, Leinenzeugen, 6 Panzerhemden, 4 Paar Beinschienen, Seife, Mandeln, Korinthen, kupfernen Becken, Wachs, Getreide und Oliven. — Der Patron mußte für unverletzte Ankunft der Waren garantieren, jedoch trug er nicht das periculum maris et gentis. Der durch Seeunfall entstandene Schaden war vielmehr von allen Teilnehmern gleichmäßig zu tragen[2]). Unmittelbar vor der Abfahrt erschienen Beamte an Bord und kontrollierten die Ladung. Für die über das zulässige Maß mitgenommenen Waren mußte der Schiffseigner das Doppelte der erhaltenen Fracht als Strafe an den Fiskus zahlen[3]). Die Verfrachtung war damit abgeschlossen, und alle Seeleute nebst dem Nauklerus hatten sich an Bord zu begeben. Bei S. Nicolò di Lido befand sich eine Kontrollstation; hatte ein Schiff, in der Ausfahrt begriffen, diese passiert, so durfte niemand mehr einsteigen; umgekehrt bei der Einfahrt mußten alle an Bord bleiben, bis man an S. Nicolò vorbeigefahren war[4]).

Selten machte ein Schiff eine Handelsfahrt (taxegium) allein, sondern seit den ältesten Zeiten war es üblich, daß sich die Kauffahrteischiffe zum Schutz gegen Piraten zu kleinen Geschwadern vereinigten. Mit der Zeit bildeten sich für diese feste Abfahrtszeiten heraus, und die zu periodisch wiederkehrenden Terminen abfahrende Flottille wurde mudua (navium) genannt[5]). Man unterschied demnach in Venedig die mudua

---

[1]) Aus der schon zitierten Urkunde aus Alexandria, Juni 1182, im St.-A. a. a. O. In dem Ausdruck: „et totum aliud habere de collumpnia, que est in suprascripta nave" bedeutet „collumpnia" vielleicht eine solche Liste, da unmittelbar darauf mit einem „videlicet" die Aufzählung der Gegenstände folgt.

[2]) Stat. nav. LXII.

[3]) Ibidem LV.

[4]) Ibid. p. XLV. Es war ein alter Brauch, bei der Ausfahrt aus Venedig an S. Nicolò anzulegen. Von der Kreuzfahrerflotte, die 1099 auszog, heißt es: ibique more solito de ratibus descendentes sanctissimi Nicolai Basilicam adeunt. Hist. translat. S. Nic. p. 7.

[5]) Zuerst von Silberschmidt a. a. O. p. 24 in dieser Bedeutung erkannt

pascae resurrectionis domini, die mudua aestatis oder S. Petri, die mudua mensis augusti und die mudua iberni. Die beliebteste Zeit zur Seefahrt war Ende August und Anfang September; dann brachen die großen Geschwader nach Konstantinopel, Syrien, Alexandria (und Damiette) und dem Magreb auf. Aber auch zwischen einzelnen Orten der Levante unterhielten die Venezianer direkte regelmäßige Verbindungen: So zwischen Konstantinopel und Smyrna, zwischen Konstantinopel und Halmyros, zwischen Konstantinopel und Antiochia und den syrischen Seestädten, zwischen Konstantinopel und Alexandria, zwischen Alexandria und Accon u. s. w.

Die Abfahrt und Ankunft der Muduen wirkten naturgemäß auch bestimmend auf den Termin der Eingehung und des Fälligwerdens der Verträge im Seehandel. Die Verfallzeit für Schuldforderungen wurde regelmäßig auf 14 Tage oder 1 bis 2 Monate nach Eintreffen der Mudua in dem Erfüllungsorte festgesetzt. Denn die Kreditgeschäfte der verschiedensten Art spielten bereits eine große Rolle, die die ganze Technik in dem Betriebe der kommerziellen Unternehmungen mit sich brachte.

Diese beruhte, um es kurz auszudrücken, auf Kapitalzersplitterung und Kapitalvereinigung. Die Geldbesitzer liehen ihr Kapital in relativ kleinen Beträgen an die verschiedensten Kaufleute aus, und in der Hand dieser Unternehmer wieder vereinigten sich die von allen Seiten zusammenströmenden Gelder zu ganz namhaften Kapitalien. Der Grund für dieses Verfahren ist ein höchst einleuchtender: die Verteilung des hohen Risikos der Seeunternehmung auf eine große Anzahl von Köpfen. Es war das Auskunftsmittel, das man vor der Verbreitung des Seeversicherungsgeschäftes ergriff. Es brauchte

---

worden. Ob die Muda bei Heyd II, p. 452 f., welche die Aufenthaltszeit der Schiffe und die daran knüpfende Messe bezeichnen soll, nicht identisch mit unserer mudua ist, kann ich nicht übersehen. Schwer verständlich ist es jedenfalls, wenn Monticolo noch kürzlich im Nuovo Archivio Veneto XIX, p. 57 ff. folgende Deutungen gibt: taxegium = Hin- und Rückfahrt (andata e ritorno), mudua = einfache Fahrt, was angeblich aus vielen Urkunden des 12. Jahrhunderts hervorgehen soll. Wendungen wie: „tunc veniente prima mudua navium de ipsis locis in Veneciam" (Februar 1174) sollten doch genügen, die Bedeutung von mudua = Convoi zu erweisen.

also nicht notwendig der Mangel an eigenen Betriebsmitteln zu sein, der den Unternehmer zur Aufnahme fremder Gelder veranlaßte, sondern er ließ womöglich gleichzeitig eigenes Kapital in einem anderen Geschäfte arbeiten.

Die juristischen Formen, die dem Zusammenbringen solchen Kollektivkapitals dienten, waren in der Hauptsache drei, für welche die termini technici der venezianischen Handelssprache: imprestitum, rogadia und collegantia lauteten.

Das imprestitum (oder prestitum) ist das antike Seedarlehen[1]). Durch seine Anwendung konnte sich auch der gänzlich Unbemittelte am Handel beteiligen. Der Darlehensnehmer verspricht dem Kapitalisten die Rückzahlung der geliehenen Summe plus Zinsen an einem vereinbarten Termin, meist innerhalb einer Frist von 30 Tagen nach Beendigung der in Aussicht genommenen Seefahrt. Die Seegefahr trug der Kapitalgeber allein, im übrigen aber haftete der Schuldner mit beweglichem und unbeweglichem Vermögen für die Zurückerstattung des Darlehens. Zuweilen verschaffte sich der Darleiher noch eine Spezialsicherung, indem er sich das Schiff und seine Ladung, soweit sie dem Schuldner gehörte, ganz oder zu einem Bruchteile verpfänden ließ, woraus sich dann später die Bodmerei entwickelt hat. Das Seedarlehen war gewöhnlich sehr kurzfristig, auf einige Monate zu einer bestimmten Unternehmung gegeben, selten auf 1 oder 2 Jahre. Von besonderem Interesse ist für uns der Darlehenszins. Denn er bietet uns zugleich den einzigen Anhaltspunkt, uns von der im Handel üblichen Gewinnhöhe eine Vorstellung zu machen:

Der in Venedig seit alters übliche Zinsfuß „secundum usum patriae nostrae" war „de quinque sex per annum" d. h. 20 Proz. jährlich. Mit diesem Zinsfuß waren gewöhnlich die Konsumtionsdarlehen zu verzinsen[2]), die außerdem übrigens durch Verpfändung eines Grundstücks sichergestellt wurden, und die Klöster, welche ihn in solchen Fällen nicht offen anzuwenden liebten, pflegten ihn durch die Verzugszinsenklausel zu erhalten,

---

[1]) Siehe darüber Goldschmidt a. a. O. p. 345 ff.
[2]) Z. B. Urkunde vom März 1025 im Codice diplomatico padovano n. 1539.

da sie meist nur auf 30 Tage an Kleinbauern ausliehen[1]). Daneben kommen auch die wucherischen Kunstgriffe vor, statt 20 Proz. im Jahr ebensoviel für die viel kürzere Leihfrist, z. B. 30 Tage, auszubedingen, aber ohne den Zusatz „secundum usum patriae nostrae" fortzulassen[2]).

Obwohl also das Zinsnehmen in Venedig offenbar unter dem Einflusse des Handels, der ja in der Tat eine produktive Anlage des Geldes gestattete, als etwas ziemlich Selbstverständliches galt, so suchte man doch den Seedarlehenszins auf die mannigfachste Weise zu verschleiern. In den meisten Urkunden wird nur die Summe genannt, die der Darlehensnehmer zurückzahlen soll; oder das Darlehen wird in Waren gegeben, die entsprechend hoch bewertet sind, oder ist in Waren zurückzuerstatten, die zu niedrig angesetzt sind, oder endlich: es wird der Zins in dem Wechselkurs versteckt. Daß der Zinsfuß recht hoch war, können wir schon daraus schließen, daß er die Risikoprämie der Seegefahr enthielt. Bestätigt wird uns das durch die Fälle, in denen wirklich einmal die geliehene und zurückzuzahlende Summe genannt und in derselben Münzsorte ausgedrückt sind; das folgende Kapitel enthält davon eine Anzahl Beispiele. Der Zinsfuß bewegte sich demnach zwischen 25—50 Proz. per taxegium d. h. für die einzelne wenige Monate dauernde Handelsunternehmung. Daß dies keineswegs das Maximum war, beweist eine Urkunde aus Konstantinopel, Dezember 1154, in der ganz offen ein Zins de tribus perperis quattuor per mensem d. h. von $33^1/_3$ Proz. im Monat oder 400 Proz. im Jahr stipuliert und auch pünktlich bezahlt wird[3]). War der Darlehenszins so hoch, so muß im Normalfall die Gewinnrate des Unternehmers ihn noch überschritten haben und zwar sein Nettogewinn nach Abzug aller Selbstkosten wie Schiffsmiete (nabulum), Warenzoll, Unterhalt des Entleihers und anderer Spesen. Über die vermögens-

---

[1]) Viele Beispiele für S. Zaccaria, S. Giorgio Maggiore, S. Cipriano auf Murano im Cod. dipl. pad. passim.

[2]) Urkunde vom August 1117 im Archivio Veneto VII, p. 85.

[3]) Im St.-A. a. a. O. b. 24. Quittung vom April 1155; doch ist in den beiden Fällen Monat und die letzte Stelle der Jahreszahl nicht mit Sicherheit anzugeben, da das Pergament stark beschädigt ist.

bildende Kraft des Handels, auch wenn er ganz mit fremdem Kapital betrieben wurde, haben wir das ausdrückliche Zeugnis eines Chronisten, der von dem reichen Dogen Pietro Ziani erzählt, daß er Geld an verarmte Adelige auslieh, so daß: „de nihilo eos fecit ad honores et divitias pervenire" [1]. — Als Beispiel eines Seedarlehens möge eine Urkunde vom Mai 1150 dienen: Romano, Priester und Kapellan von S. Marco, leiht dem Pancrazio Dalmatino 100 £ venezianischer Denare auf 2 Jahre gegen $33^1/_3$ Proz. jährliche Verzinsung, damit dieser das Kapital mit dem Schiffe, in dem Maximus Georgius Nauklerus ist, zunächst nach Korinth bringe und dann nach freiem Ermessen damit Handel treibe (Quittung).

Die anderen Methoden, Handelskapital aufzubringen, beruhten auf verschiedenen Systemen der Gewinnbeteiligung und können alle als Varietäten des Commendavertrages betrachtet werden. Im Falle einseitiger Kapitalbeteiligung, der rogadia [2], ist die Ähnlichkeit mit dem Seedarlehensvertrag sehr groß. Das Sozietätsverhältnis kommt nur dadurch zum Ausdruck, daß statt eines Zinses Anteilnahme am Gewinn versprochen wird. Der Kapitalist spielte meist die Rolle eines stillen Teilhabers, an dessen kaufmännische Fähigkeiten weiter keine Ansprüche gestellt wurden, und erhielt gewöhnlich zwei Drittel, seltener nur die Hälfte des Ertrages, der Rest fiel dem Unternehmer als Lohn für seine Tätigkeit zu. Die Seegefahr trug, wie beim Seedarlehen, der Kapitalgeber allein; ganz ausnahmsweise nahm sein Partner auch eine Quote derselben, z. B. ein Drittel. Die Dauer der Gesellschaft war in der Regel auf 1, höchstens 2 bis 3 Jahre berechnet. Wir finden selbst alleinstehende Frauen, besonders Witwen als Teilhaberinnen einer solchen Commenda, da ja, wie gesagt, der tractator die aktive Seite allein übernahm. So schließt im März 1138 Katholica, Witwe des Domenico Giustiniani, mit ihrem Schwiegersohn Enrico Contarini eine Handelsgesellschaft auf 3 Jahre: sie schießt das Kapital in der Höhe von 1000 £ venezianischer

---

[1] Chronicon Justiniani. Mon. Germ. SS. XIV, p. 97.
[2] Silberschmidt, Die Commenda p. 46. Doch ist die Deutung der rogadia zweifelhaft, da auch collegantia im Sinne einseitiger Commenda gebraucht wird.

Denare allein vor, das Contarini in dem Schiffe des Nauklerus Foscaro Lugnano nach Accon nehmen soll, um es dann nach Gutdünken zu verwerten; der Gewinn fällt jedem zur Hälfte zu.

Die eigentliche Kommanditgesellschaft mit zweiseitiger Kapitalbeteiligung war die collegantia. Ein Drittel des eingeschossenen Kapitals rührte hier von dem Unternehmer selbst her, zwei Drittel von seinem Gesellschafter. Am Gewinn partizipierten beide zu gleichen Teilen, während der durch Seeunfall entstandene Verlust nach Maßgabe ihrer Einlage zu tragen war (nihil pars parti requirere debeat). Auch hier bestand eine Arbeitsgemeinschaft nicht. Der älteste uns im Original erhaltene Collegantia-Vertrag ist vom August 1073[1]) datiert und hat folgenden Inhalt: Giovanni Lissado empfängt von Sevasto Trudimundo in Handelsgesellschaft 200 £ Denare und legt selber 100 £ hinzu; mit diesen 300 £ besitzen sie zwei sortes an dem Schiffe, in dem Gosmiro Damolino Nauklerus ist; dieses Schiff soll Lissado auf seiner Fahrt nach Theben begleiten und dann das Kapital bestmöglichst anlegen und ihm den jedesmaligen Gewinn zuschlagen; die Dauer der Gesellschaft ist in das Belieben der Teilhaber gestellt.

Hier wird zugleich der sortes Erwähnung getan, der Anteilscheine, die dem Kollektivbesitze eines Schiffes dienten. Sie wurden in der verschiedensten Höhe ausgestellt, in unserem Falle von 150 £, sonst bis herab zu 9 Perpern, waren frei veräußerlich und berechtigten den Inhaber zum Bezuge eines bestimmten Anteils am Frachtertrage des Schiffes. Das von uns oben schon angeführte Schiff des Bernhard de Cerclaria z. B. war in 100 sortes à 50 £ venezianischer Denare eingeteilt, von denen Bernhard im Februar 1197 vier an Sebastian von Caorle verkaufte. Solche Schiffsgesellschaften waren sehr verbreitet. Die Statuta navium nehmen als den Normalfall mehrere Patroni an und bestimmen, daß nicht mehr als zwei Seeleute gleichzeitig Patroni sein sollen[2]). — Diese Institution der sortes wurde auch auf andere Gebiete übertragen und fand

---

[1]) Siehe Beilage II.
[2]) Stat. nav. XXXI.

namentlich in der Ankerleihe Anwendung, dem Vermieten eines Ankers von angegebenem Gewicht zu einer genau bezeichneten Fahrt gegen Entgelt (nabulum). Zuerst finde ich die Ankerleihe in einer Urkunde vom Juli 1039[1]) erwähnt. In genossenschaftlicher Form taucht sie in dem vorliegenden Material etwas später auf: im Juli 1095 verleiht Pietro Maystrogenello in Konstantinopel einen Anker von 280 Pfund Eisen zu einer Fahrt nach Antiochia im Schiffe mit dem Nauklerus Udentino Christiano. Von den 5 sortes übernimmt:

   Domenico Serzi   2 Anteile
   Michael Mirizulo   1 1/2 „
   Dato Dedulo   1 Anteil
   Giovanni Tahapetra   1/2 „

Für jede sors ist in Antiochia 1 bycantius Michelatus (zusammen also 5) zu zahlen: expendibiles in omni mercimonia. — Verschieden von den sortes waren gewöhnlich die partes[2]), die einen gewissen Bruchteil, ein Drittel, ein Fünftel etc., an einer ganzen Handelsexpedition, Schiff inklusive Ladung, repräsentierten.

Alle diese Rechts- und Sozietätsverhältnisse standen häufig noch auf dem Unterbau der compagnia, der offenen Handelsgesellschaft mit solidarischer Haftung der Teilhaber. Ursprünglich aus der Hausgemeinschaft hervorgegangen, wurde sie mit Vorliebe zwischen nächsten Verwandten, Vater und Sohn, zwischen Brüdern errichtet, griff jedoch schon früh hierüber hinaus und zeigt zuweilen den Charakter einer ad hoc gegründeten Kapitalgesellschaft, die nach Erreichung ihres Zweckes liquidiert. So konstituierte sich im April 1158 in Lakedemonia eine compagnia zwischen den Brüdern Giovanni und Viviano Faliero und Enrico Contarini mit einem Kapital von 2490 alten Goldperpern lakedämonischen Gewichts, zu dem ein jeder 830 Perpern beisteuerte. Im Mai 1159 rechneten die Gesellschafter ebenfalls in Lakedemonia miteinander ab und lösten ihre Gemeinschaft auf. — Ein wichtiger Zweck der

---

  [1]) Vgl. Beilage I.
  [2]) Der Sprachgebrauch ist jedoch kein ganz feststehender, da anscheinend pars als der weitere Begriff galt.

compagnia war auch die Arbeitsvereinigung mehrerer Personen. Es war für den Großhändler wünschenswert, Leute, denen er völlig vertrauen konnte, teils im Heimathafen zurückzulassen, teils in einem auswärtigen Emporium zu stationieren, um Zahlungen und Warensendungen in Empfang zu nehmen oder zu leisten. Oft half er sich durch Bevollmächtigung eines Geschäftsfreundes, der an dem betreffenden Platze wohnte oder dorthin reiste und für seine Mühewaltung eine Provision bezog. Doch war es jedenfalls bequemer und sicherer, es durch einen Kompagnon besorgen zu lassen, zumal wenn ein Geschäft sich auf den Verkehr zwischen zwei Orten spezialisierte[1]). Einen Einblick in einen solchen Betrieb gewährt uns der compagnia-Vertrag zwischen Domenico Sisimulo und Vitale Voltani. Die Einlage eines jeden von beiden betrug 500 Perpern. Sisimulo sollte seinen Wohnsitz in Konstantinopel, Voltani in Theben nehmen, und das Kapital sollte ständig zwischen beiden Orten zirkulieren, geschickt und wieder zurückgeschickt werden.

Ein Fortschreiten in kapitalistischem Sinne bedeutete es, wenn man zu solchen Posten einen in Geld bezahlten Faktor verwendete. Er wurde mit einem augenscheinlich den Lehensverhältnissen entnommenem Ausdrucke als „homo" seines Prinzipals bezeichnet, stand aber außerhalb der Kontraktzeit in keinerlei Abhängigkeit von demselben und war zuweilen ein unbemittelter Verwandter. Er verpflichtete sich meist, für 2 bis 6 Jahre in die Dienste des anderen zu treten, wofür er, soweit unser Material erkennen läßt, nur eine Geldentschädigung empfing. Der eben genannte Vitale Voltani engagierte im September 1164 in Konstantinopel den Marco Betani auf 2 Jahre für eine Stellung in Theben gegen 115 Perpern Gehalt[2]). — Daneben kamen noch Handlungsdiener niederen Ranges vor, die von ihrem Herrn freie Nahrung, Kleidung und Beschuhung, aber nur einen geringen Geldlohn, z. B.

---

[1]) Indem Venezianer so ihr ganzes Geschäft in den Orient verlegten, hatten sie zugleich den Vorteil viel kürzerer Umschlagsperioden, als wenn der weite Weg nach Venedig dazwischen kam; ihre hohe Gewinnrate verwandelte sich, um die Marxsche Terminologie zu gebrauchen, auch in eine hohe Profitrate.

[2]) Urkunde vom Mai 1165. Andere Beispiele: August 1164 u. 1189.

12 £ Denare für 6 Jahre bezogen. Sie gehörten Familien niederer Abkunft an und waren des Schreibens unkundig.

Sonst aber war die Kunst des Lesens und Schreibens in den Kreisen der Berufshändler keine so überaus seltene, wie Sombart uns gern glauben machen möchte. Er zitiert dafür die beiden bekannten Urkunden aus dem 10. Jahrhundert über das Verbot des Sklavenhandels und des Verkehrs mit sarazenischen Ländern und weist darauf hin, daß einmal von 69 Vertretern nur 35, das andere Mal von 81 nur 18 ihren Namen mit eigener Hand schrieben[1]). Wenn er jedoch die Vermutung hinzufügt, daß dies Verhältnis der Analphabeten zu den Schriftkundigen unter den Kaufleuten auch in den späteren Jahrhunderten des Mittelalters ein ähnliches geblieben sei, so ist diese Ansicht irrig. Es ist naturgemäß nicht leicht, eine „Bildungsstatistik" der Händler im 11. und 12. Jahrhundert nachträglich aufzustellen; denn wollten wir dazu die Unterschriften unter den öffentlichen Erlassen der Republik verwenden, unter denen sich im 12. Jahrhundert allerdings kaum noch ein signum manus befindet, so begegneten wir dem berechtigten Einwande, daß sie eben großenteils nicht von Kaufleuten herrührten[2]). Ein weniger anfechtbares Material bieten dagegen die Unterschriften der Handelsprivaturkunden. Nimmt man z. B. die im folgenden Kapitel zu besprechende Urkundensammlung Mairano, so zeigt sie uns, abgesehen von den Notaren, 382 Unterschriften aus der Zeit von 1152 bis 1201; 331 davon sind selbstgeschriebene; von den 51 signa manus stammen 4 von Frauen her, scheiden also aus unserer Betrachtung aus, 3 weitere haben den ausdrücklichen Zusatz, daß die betreffenden Personen durch Krankheit trotz ihrer Kenntnis am Schreiben verhindert wurden, sind also der ersten Gruppe zuzurechnen. Es rühren demnach 334 Unterschriften von Schreibkundigen, 44 von Analphabeten her; die letzteren machen etwa 13 Proz. aus. Haben diese Zahlen auch nur

---

[1]) Sombart I, p. 178.
[2]) Denselben Einwand könnte man auch den Beispielen Sombarts machen, da sie öffentliche Edikte sind und keine Verpflichtungsurkunden der Vertreter des Handelsstandes.

Heynen, Zur Entstehung des Kapitalismus in Venedig

den Wert einer Stichprobe, so zeigen sie doch, daß der nach
Sombart „verschwindend kleine Bruchteil" der mit dem Schreiben vertrauten Berufshändler die ganz überwiegende Majorität
ausmachte.

Unbedingt notwendig scheint die Schreibkunst zum Handelsbetrieb allerdings nicht gewesen zu sein, wie manche Fälle
zeigen. Aber das ist auch erklärlich, da alles, was man an
Schreiberei brauchte, der Notar besorgte. Denn sämtliche
Abmachungen und Quittungen selbst geringfügigster Art waren
notarielle Urkunden. Der Notar war immer ein Kleriker: ein
Subdiakon, Diakon, Archidiakon oder Presbyter. Wir haben
Urkunden aus fast allen bedeutenderen Plätzen der Levante.
Die großen vielbesuchten Quartiere in Konstantinopel, Accon,
Tyrus, Alexandria und wohl auch sonst manche hatten eigene
Priester, die dort im fernen Land die Abfassung der Verträge
übernahmen. Im übrigen aber hatte jedes Schiff einen Geistlichen an Bord, der zugleich im Bedarfsfalle als Notar fungierte[1]), so daß man zuweilen den Lauf eines Schiffes verfolgen kann, indem derselbe Notar rasch aufeinander in den
verschiedensten Orten auftaucht.

Der Abschluß der Urkunden erfolgte in Gegenwart von
anfangs stets drei, später meist zwei Zeugen, die mitunterzeichneten. Man datierte mit der Angabe des Ausstellungsortes (für Venedig stets Rivo alto), des Inkarnationsjahres, das
in der ältesten Zeit zuweilen fehlt, der Indiktionszahl und des
Monats. Verhältnismäßig sehr selten, im Vergleich z. B. mit
den genuesischen Chartae, war die Nennung eines bestimmten
Tages. Das Jahr begann nach griechischer Sitte am 1. März,
die Indiktion wechselte am 1. September. Die äußere Form
der Abfassung der Verträge der mannigfachsten Art fand stets
in der Gestalt der Schuldverschreibung statt: beim Seedarlehen
der Darlehensnehmer, in der Commenda der tractator, in der
compagnia der ausführende Teil u. s. w. bekannte sich als

---

[1]) So befand sich an Bord des Schiffes, das 1110 die Gebeine des
hl. Stephanus von Konstantinopel nach Venedig brachte, Pietro Regino
„plebanus ecclesiae S. Apostoli Matthei et notarius publicus curie palatii
Venetiarum". De translatione S. Stephani bei Corner, Ecclesiae Venetae
(1749), VIII, p. 107.

Schuldner zu einer bestimmten Verpflichtung gegen den anderen, den Gläubiger. Er haftete für die pünktliche Erfüllung mit seinem Besitze und zwar mit der üblichen mittelalterlichen Klausel, daß eine nicht rechtzeitig gezahlte Schuldsumme sich verdoppelte und mit 20 Proz. zu verzinsen war.

Die Beendigung eines solchen Vertragsverhältnisses geschah ganz natürlich durch die Quittung (securitatis carta) verbunden mit der Rückgabe des Schuldscheins [1]). Letzterer wurde vom Schuldner entweder vernichtet oder aber, wenn er ihn aus besonderen Gründen aufbewahren wollte, zur Markierung der Ungültigkeit mit einem oder zwei gekreuzten Messerschnitten mitten durch den Text gezeichnet; er hieß dann carta incisa. Hatte der Gläubiger den Schuldschein verloren, z. B. in sarazenischer Gefangenschaft, wie es in einer Urkunde heißt, so erfolgte seine Kraftloserklärung in der Quittung. Diese war, wie gesagt, ebenfalls notariell und enthielt eine Inhaltsangabe der bezüglichen Schuldverschreibung, im 11. Jahrhundert noch sehr summarisch, doch seit der Mitte des 12. fast wörtlich mit genauer Angabe von Zeit und Ort der Ausstellung. Der Gläubiger erklärte sich dann für befriedigt und versprach für den Fall, daß er trotzdem später einmal auf die erloschene Forderung zurückgriffe, in der Salvationsklausel eine Entschädigung von 5 Pfund Gold. — Leistete der Schuldner nicht dem Gläubiger selbst, sondern dessen Bevollmächtigten (aktive und passive Orderklausel bildeten die Regel), so erhielt er außer der Quittung noch die Vollmachtsurkunde oder, wenn deren Besitzer sie noch benötigte, eine notariell beglaubigte Kopie (exemplum, filia, während das Original mater hieß) derselben, die er zum Ausweis der Gültigkeit der Quittung eventuell vorzeigen mußte.

Aus dieser allgemein gebräuchlichen Verwendung von Schuldschein und Quittung erklärt sich auch die Tatsache, daß der bei weitem größte Teil der erhaltenen Urkunden aus Quittungen besteht: denn die zu verwahren, hatte der Schuldner

---

[1]) Die Schuldscheine hießen nach ihrem Inhalte: memorialis carta für die collegantia, cautionis oder manifestationis carta für das Seedarlehen und eventuell auch die einseitige Commenda, affirmationis carta für die compagnia und den Dienstvertrag.

ein großes Interesse und sie sind meist für uns auch die einzige Quelle für den Inhalt der Schuldverschreibung, der, wie erwähnt, in beinahe vollem Wortlaut eingerückt wurde. Man kann sogar oft aus der Erhaltung eines Schuldscheins auf dessen Nichterfüllung schließen, falls er nämlich nicht gezeichnet ist, da nur der Gläubiger an seiner Aufbewahrung interessiert war und 'ihn also nicht aus den Händen gegeben haben konnte.

Was die Zahlung anlangt, so wird, wenn Gläubiger und Schuldner am Fälligkeitstermin sich am selben Platze befanden, Barzahlung die Regel gewesen sein. War das aber nicht der Fall, so bot die Überweisung ein bequemes Mittel, in der Goldschmidt die Urform des Solawechsels sieht[1]). Äußerlich sieht der Vorgang dem Seedarlehen ähnlich und war es häufig auch zugleich: A in Alexandria schuldet dem B in Konstantinopel 150 Perpern; er übergibt dem Kaufmann oder Nauklerus C 100 saracenati, der sich verpflichtet, dem B in Konstantinopel 150 Perpern in 3 Monaten auszuzahlen. Überhaupt war der Sinn des echten „economical man" und die Scheu vor Zinsverlust durch müßiges Daliegen von Geldkapital bei den Venezianern so ausgebildet, daß auch sonst die Kapitalversendung irgend welcher Art regelmäßig in Warenform vor sich ging, um so gleichzeitig noch einen kaufmännischen Profit zu erzielen. — Eine andere Zahlungsmethode war die durch Zession von Forderungen. Einfache Übertragung derselben durch Vermerk auf der charta selbst oder durch Indossament war unbekannt. Es bedurfte vielmehr einer besonderen Zessionsurkunde, welche die abzutretenden Forderungen genau aufzählte und den Zessionar in alle Rechte des Zedenten einsetzte. So überträgt im August 1168 in Konstantinopel Guido Gradenigo dem Pietro Barozi sieben Forderungen im Gesamtwert von 654 Perpern[2]):

Konstantinopel, Jan. 1167, von Romeo Gausoni . . . 100 Perpern,
„   Okt. 1167, von Orso Derimano . . . 59   „
„   Okt. 1167, von Nicolò de Sergi und Fulco
                          Maierico 80   „

---

[1]) A. a. O. p. 413 ff.
[2]) Es handelt sich hier um eine Eigentumsübertragung und nicht etwa um ein Inkassomandat.

Konstantinopel, Nov. 1167, von Orso Derimano . . . 35 Perpern,
„   Juni 1168, von Giovanni Ardizone . . 40   „
„   Febr. 1166, von Pietro Damolino . . . 150 „
„   Mai 1166, von Orio u. Marco Ravignano 190 „ [1]).

Konnte der Schuldner nicht zur rechten Zeit bezahlen, bot er aber sonst genügende Sicherheit, so erfolgte oft eine Prolongation der Rückzahlungsfrist durch Umwandlung der bisherigen Forderung in eine andere mit gleichem oder erhöhtem Betrage und späterem Fälligkeitstermin.

---

[1]) Die Urkunde zeigt uns zugleich das Streben des Kapitalisten, sein Geld in kleinen Portionen an viele Unternehmer auszuleihen, um nicht alles auf eine Karte zu setzen. Die Forderungen sind teils Seedarlehen, teils Commendaanteile. Eine Kapitalistentätigkeit voll zu übersehen, wie wir es für einen Unternehmer können, ist leider unmöglich, da eine geeignete Urkundenserie nicht entstehen konnte: die Schuldscheine wanderten ja alle an den Schuldner nach ihrer Erfüllung zurück und zerstreuten sich so in alle vier Winde.

Fünftes Kapitel

Ein Handels- und Reedereibetrieb im 12. Jahrhundert

Wie die im vorigen Kapitel geschilderte Betriebsweise des Handels in der Praxis aussah, das wollen wir jetzt an einem einzelnen Beispiel genauer betrachten. Dies wird uns ermöglicht durch die Erhaltung einer umfangreichen Urkundensammlung, die im Staatsarchiv in Venedig [1]) aufbewahrt wird und die Tätigkeit des Kapitäns und Reeders Romano Mairano etwa in der Zeit von 1150—1200 einigermaßen überblicken läßt. Die kleinen Pergamente liegen mit vielen anderen gleichzeitigen durcheinander, von denen sie erst geschieden werden müssen, um zu erkennen, daß hier — mehr oder weniger vollständig — der ganze Urkundenapparat eines mittelalterlichen Berufshändlers in den Besitz des Klosters S. Zaccaria geraten ist. Es sind etwa 120 Stücke erhalten, die sich ziemlich gleichmäßig über die Zeit von 1152—1201 verteilen. Sie wurden offenbar früher von ihrem Eigner gerollt sorgfältig aufbewahrt und eigenhändig auf der Rückseite mit kurzen Aufschriften bezeichnet, wie z. B. securitas pangrati dauro [2]). Dadurch, daß viele dieser Urkunden in ihrem Texte andere nach Ort, Datum und Inhalt enthalten, sind wir im ganzen über ca. 200 Urkunden orientiert, deren Zusammenstellung wohl ein Bild des Geschäftsbetriebes von Romano Mairano und dessen wechselnden Erfolgen gibt.

Romano Mairano ist eine keineswegs ganz unbekannte

---

[1]) Manimorte. S. Zaccaria. Pergamene. Busta 24, 25, 26 (Estere).

[2]) Diese Aufschriften sind, wiewohl stark abgegriffen, großenteils noch lesbar und rühren, wie eine Vergleichung mit der Unterschrift Mairanos ergibt, unzweifelhaft von dessen Hand her.

Persönlichkeit. Er ist derselbe Kapitän, der in den Schreckenstagen vom März 1171 in Konstantinopel so unerschrocken auf seinem Schiffe eine große Zahl seiner Landsleute rettete, worauf wir am geeigneten Orte noch näher zu sprechen kommen werden. Das wußte auch schon Heyd[1]), ohne aber von der Existenz weiteren Materials über Mairano eine Ahnung zu haben. Dagegen scheinen die bisherigen Benutzer des Archivs, die diese Urkunden zu Gesicht bekamen, sie für bedeutungslos und einer eingehenden Beachtung unwert gehalten zu haben. Nur einige wenige nebensächliche Einzelheiten hat Cecchetti aus ihnen in sehr aphoristischer Weise im Archivio Veneto früher einmal mitgeteilt[2]), die aber auch, soviel ich sehe, ganz unbeachtet geblieben sind.

Was wir über die Familie Mairano oder Mayrano — beide Schreibarten kommen vor[3]) — wissen, ist sehr spärlich. Zu den alteingesessenen Patrizierfamilien scheint sie nicht gehört und auch niemals irgend welchen politischen Einfluß besessen zu haben. Vergebens sucht man unter den zahlreichen Unterschriften der öffentlichen Verträge und Erlasse der Republik den Namen Mairano. Einzig und allein unter den 372 Unterzeichnern des allerdings etwas unsicher überlieferten Paktums mit Bari (Mai 1122) finden sich auch zwei Mairani: Petrus Mayranus und Constantinus Mayranus[4]). Darnach gehörte also die Familie doch wenigstens zu den Nobiles, wozu auch die Bemerkung des Kinnamos, der Romano γένει διαφανής nennt, paßt[5]). Jedenfalls spielte das Geschlecht politisch keine Rolle und niemals hat, soviel wir wissen, ein Mairano irgend eine öffentliche Funktion ausgeübt. Ich halte es für wahrscheinlich, daß die Mairani zu den Geschlechtern gehörten, die ursprünglich in der Nähe Venedigs angesiedelt waren und dann später, von dem aufblühenden Emporium Rivo alto angezogen, auch noch im 11. und 12. Jahrhundert dorthin übersiedelten, späte

---

[1]) A. a. O. I, p. 239 f. Dort siehe auch den Identitätsnachweis.
[2]) Archivio Veneto Nuovo II, p. 114 und an anderen Stellen.
[3]) Romano Mairano unterzeichnet selbst stets mit i statt y.
[4]) Herausgegeben von Monticolo im Archivio Veneto Nuovo XVIII, p. 140, Beilage.
[5]) Ed. Bonn, VI, p. 283.

Nachzügler jener ältesten Einwandererschar. Für diesen Zug nach dem wirtschaftlichen Mittelpunkt, diese Urbanisierung des Adels, wenn man so will, sind mir für das 12. Jahrhundert, wo die Privaturkunden ausgiebigere Aufschlüsse geben, eine Reihe von Beispielen aufgestoßen: Urkunde vom

Aug. 1157: Pietro Sisimulo aus Ammiana, jetzt in Venedig in S. Leone
„ 1168: Pietro Barozi aus Torcello, jetzt in Venedig in S. Moisé
Dez. 1169: Pietro Lugnano aus Caorle, jetzt in Venedig in S. Polo
März 1176: Vitale Voltani aus Ammiana, jetzt in Venedig in S. Moisé
April 1176: Stefano Calbo aus Torcello, jetzt in Venedig in S. Marco
Febr. 1177: Warnerio Daponte aus Jesolo, jetzt in Venedig in S. Ternità
April 1179: Giovanni Sisimulo aus Ammiana, jetzt in Venedig in S. Giovanni Crisostomo
Aug. 1180: Gulielmo Scriba aus Zebeleto, jetzt in Venedig in S. Giovanni Evangelista
März 1186: Marco Gausoni aus Torcello, jetzt in Venedig in S. Bartolomeo
Juli 1193: Frugero Senatori aus Jesolo, jetzt in Venedig in S. Vitale.

Wie diese Fälle zeigen, war die Verödung der Lagunenorte zu Gunsten der Metropole schon damals in vollem Gang, und die Einwanderung von Familien nach Venedig, die durchweg zugleich als am Handel beteiligt auftreten, keine ungewöhnliche Erscheinung. Dazu kommt noch, daß der Name Mairano ursprünglich ein Ortsname gewesen zu sein scheint. 1190 nämlich bezahlt Romano Mairano an Rosso und Margarito, beide aus Mayrano, 21 £ Denare für Lieferung von Holz. Ich vermute nun, daß hier der uralte Flecken Marano an der Lagune westlich von Grado (Laguna di tre Baseleghe) gemeint ist, und daß von dort die Familie Mairano im 11. oder zu Beginn des 12. Jahrhunderts nach Venedig ausgewandert ist und hier nach ihrem Herkunftsorte genannt wurde [1]). Sie ließ sich im Sprengel S. Ternità (venezianisch für Trinità) de Gemino [2])

---

[1]) So entstandene Familiennamen wie Davicenza, Istrigo, Dequilo sind in Venedig nicht selten. Einmal (September 1192) findet sich sogar die Schreibart Marano statt Mairano.

[2]) So genannt zum Unterschied von der gleichnamigen Kirche, die an der Stelle von S. Maria della Salute stand. Vgl. den angeblich vor 1140 gezeichneten Plan von Venedig bei Temanza, Pianta antica di Venezia 1780. Cicogna, Venezia e le sue lagune. Vol. I, part. II (1847), p. 166, Beilage.

nieder, der an das schon damals bestehende Arsenal grenzte, und erwarb hier Grundbesitz. Dort wohnten auch die Eltern Romano Mairanos, die außer ihm nur einen Sohn Samuel hinterließen; ihre Namen werden nie genannt, 1157 war der Vater bereits gestorben. Neben diesem lebten aber noch andere Zweige der Familie Mairano: Crescenzio und Viviano Mairano mit seinem Sohne Domenico, die 1197 alle ohne direkte Erben gestorben waren, so daß ihr Grundstück in S. Ternità an Romano überging. In welchem Verwandtschaftsverhältnis diese Mairani mit unseren Brüdern standen, wird nicht angegeben. Ebensowenig wissen wir das von dem Priester und Notar Pietro Mairano, der in dem Zeitraum von 1174—1182 sehr häufig die Urkunden für Romano abfaßte. Er gehörte zu jener Klasse von geistlichen Notaren, welche die Kaufleute überallhin auf ihren Fahrten begleiteten, wie schon sein beständiger Ortswechsel beweist: im September und Oktober 1174 fungierte er in Alexandria, im April 1178 in Zara, im Juli und September 1178 wieder in Alexandria, im Oktober 1179 in Accon, den Monat darauf in Alexandria, im August 1180 in Venedig, im Oktober desselben Jahres in Alexandria und dort auch zuletzt im Juni 1182. — Sonst kommt nur einmal im November 1167 ein Leonardo Mairano in Alexandria als Zeuge vor.

Die Familienverhältnisse Romano Mairanos selbst sind, soweit sie sich aus den Urkunden ergeben, in nachstehendem Schema zusammengestellt:

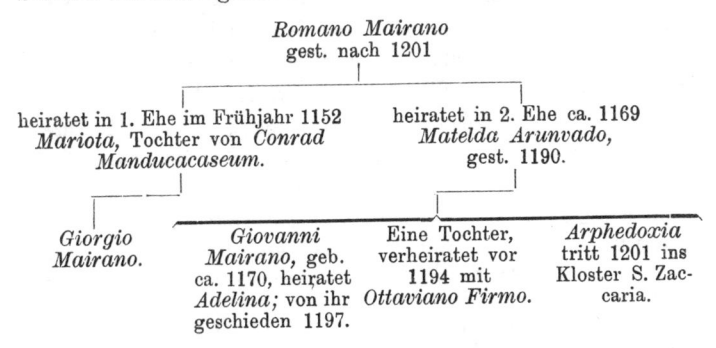

Romano Mairano
gest. nach 1201

heiratet in 1. Ehe im Frühjahr 1152 *Mariota*, Tochter von *Conrad Manducacaseum*.

heiratet in 2. Ehe ca. 1169 *Matelda Arunvado*, gest. 1190.

| *Giorgio Mairano*. | *Giovanni Mairano*, geb. ca. 1170, heiratet *Adelina*; von ihr geschieden 1197. | Eine Tochter, verheiratet vor 1194 mit *Ottaviano Firmo*. | *Arphedoxia* tritt 1201 ins Kloster S. Zaccaria. |

Das Material, aus dem wir die Angaben zur folgenden Darstellung schöpfen, besteht, wie schon hervorgehoben, aus der von Mairano selbst geordneten und aufbewahrten Urkundensammlung. Dadurch wird naturgemäß die Anschauung, die wir von seiner Tätigkeit gewinnen, eine einseitige. Denn wir lernen fast nur Verträge kennen, sei es aus Quittungen, sei es aus erloschenen Schuldscheinen, in denen Mairano der sich verpflichtende Teil ist. Quittungen aber, die er selber anderen etwa für zurückbezahlte Darlehen ausgestellt hat, können wir deshalb nicht erwarten und Verpflichtungsscheine anderer finden wir nur dann, wenn sie nicht oder nicht vollständig erfüllt worden sind. Wir dürfen uns daher nicht wundern, wenn wir Mairano so gut wie nie in der bloßen Rolle des Kapitalisten sehen. Daß sich auch von Samuel Mairano verschiedentlich Urkunden vorfinden, erklärt sich teils aus dem zeitweiligen Compagniaverhältnisse der beiden Brüder, teils daraus, daß offenbar Romano nach dem anscheinend früh erfolgten Tode des Bruders (er wird im Juli 1176 zum letztenmal genannt) dessen Dokumente an sich genommen hat.

Die älteste Urkunde über Romano Mairano datiert vielleicht vom Dezember 1150 [1]). In ihr quittiert ihm Pietro Luni über die Zurückzahlung von 105 £ Denaren, die er ihm vermutlich als Seedarlehen gegeben hatte, so daß dann Mairano schon vor seiner Verheiratung seine spätere Tätigkeit begonnen hätte. Im Frühjahr 1152 heiratete er in Venedig Mariota, die Tochter von Corrado Manducacaseum [2]), wohnhaft im Sprengel S. Moisé. Auch sie gehörte also keinem der erlauchten Geschlechter an [3]), ihr Vater verstand nicht einmal das Lesen und Schreiben. Demgemäß war auch ihre Mitgift eine ziemlich bescheidene. Als Aussteuer erhielt sie zur Hochzeit eine arsella [4]), d. h. eine Truhe mit Kleidern, Wäsche u. s. w. im Werte von 50 £ Veroneser Denare. Am ersten Montag nach der Hochzeit schenkte ihr ihr Vater nach venezianischer Sitte Gegenstände

---

[1]) Diese Angabe ist dem handschriftlichen, 1800 verfaßten „Indice S. Zaccaria" entnommen, der leider häufig, besonders in der Datierung, sehr unzuverlässig ist. Es war mir unmöglich, das Original aufzufinden.

[2]) Auch die Form Manducans caseum kommt vor = Käse-Esser.

[3]) Nur wieder in dem genannten Paktum mit Bari (1122) unterzeichnet ein Heynricus Manduca caseum.

[4]) Vgl. Romanin a. a. O. II, p. 405.

im Werte von 25 £. Zu Ostern 1152 gab er ihr ein mit Goldbrokat verziertes capitium (Mieder oder Kopfputz), mit 5 £ angesetzt. Ihre ganze Mitgift repräsentierte also einen Gesamtwert von 80 £, worüber Manducacaseum im Dezember 1152 eine Urkunde ausfertigen ließ[1]). Mairano nahm jetzt seine Handelstätigkeit wieder auf, die sich vorläufig auf den Verkehr mit Konstantinopel und den nahegelegenen wichtigen Handelsplätzen Romaniens beschränkte. Denn Byzanz war durch die letzten Goldbullen Kaiser Manuels (1148) sicher in den Vordergrund gerückt worden, während in den syrischen und sarazenischen Gebieten vielleicht noch die Nachwirkungen des dritten Kreuzzugs sich bemerkbar machten. Im Juli 1153 erscheint er als zurückgekehrt von einer Handelsreise nach Romanien, wo ihm ein Sohn seines Schwiegervaters 200 Perpern zur Überweisung an letzteren einhändigte. Er legte darüber Manducacaseum Rechenschaft ab. — Im Januar 1154[2]) hielt Mairano sich in dem bedeutenden thessalischen Emporium Halmyros, südlich von Saloniki, auf, wo neben einer pisanischen eine venezianische Kolonie bestand[3]). Hier lieh er einem Marco Gabriel, der sich augenblicklich in Bedrängnis befand, 1 1/2 Perpern, die er ihm nächste Ostern ohne Zins zurückerstatten sollte (was übrigens nie geschah). Dann setzte er seine Reise nach Konstantinopel fort und schloß dort im März 1154 mit Valperto Gausoni aus Torcello eine collegantia ab. Gausonis Einlage betrug 158 Perpern und bildete den vierten Teil eines Schiffes (buza), das unter der Leitung des Nauklerus Simon Decemnovem nach Lakedaemonia abzufahren im Begriffe war. Mairano legte 79 Perpern hinzu und übernahm die Rolle des tractator; der Gewinn sollte jedem zur Hälfte zufallen. Dieses Schiff mit dem genannten Nauklerus benutzte Mairano fortan, bis er selber Nauklerus wurde.

---

[1]) Der Index verzeichnet eine Urkunde vom August 1152, nach der die Mitgift 800 £ betragen haben soll; das ist nach obiger detaillierter Beschreibung höchst unwahrscheinlich, so daß wohl versehentlich eine Null zu viel geschrieben wurde.
[2]) Die venezianische Zeitrechnung ist überall in die gewöhnliche umgerechnet worden.
[3]) Heyd I, p. 270 f.

Im August desselben Jahres war er wieder in Konstantinopel und entlieh von Guido Valaresso (seinem Nachbar in Venedig) 20 Perpern bis nächste Weihnacht gegen 10 % Zins. Doch wurde er, vielleicht durch seine Heimreise, an der pünktlichen Rückerstattung verhindert und ließ deshalb im Mai 1155 durch seinen Bruder Samuel in Konstantinopel den fälligen Zins von 2 Perpern nebst dem Zins für das laufende Jahr bis Weihnacht 1155 in Höhe von 4 Perpern (20 %) pränumerando Valaresso auszahlen und Rückzahlung des Kapitals für denselben Termin in Aussicht stellen. — Unterdes wickelte er selber seine Geschäfte, die er im Interesse der collegantia eingegangen war, ab und rechnete mit seinem Partner Gausoni in Venedig, wohin auch dieser mittlerweile zurückgekehrt war, im Juni 1155 ab. Leider verlautet bei solchen Gelegenheiten nie etwas über den realen Erfolg der Unternehmung. Daß er in diesem Falle ein befriedigender gewesen war, können wir vielleicht daraus schließen, daß Gausoni gleich im folgenden August seinem ehemaligen Gesellschafter 5 sortes an demselben Schiffe (Nauklerus Decemnovem) anvertraute, auf Grund deren er Anspruch auf die Fracht von 50000 Pfund der Ladung hatte, und ihn beauftragte, innerhalb 15 Tagen nach Ankunft des Schiffes in Konstantinopel seinem Bevollmächtigten Giovanni Navigaioso den Ertrag (nabulum) der Anteile im Betrage von 24 Perpern auszuzahlen. Dem Navigaioso stellte er ein Inkassomandat für diese und eine andere Forderung (3 Perpern von Roger Morario, Orabona Balbi und Domenico Waltero) aus. — Ganz zur selben Zeit schloß Mairano mit Domenico Quirino eine collegantia ab. Dieser gab 105 £ Veroneser Denare her, Mairano wieder die Hälfte: 52 1/2 £. Das Kapital sollte in Holz investiert und nach Konstantinopel verfrachtet werden, wo Mairano es zu verkaufen und dem Bevollmächtigten des Quirino für je 18 solidi seiner Kapitaleinlage einen Goldperper zu erstatten hatte.

Das Schiff segelte mit der Herbstmudua ab. Damit verließ Mairano seine Heimat auf sieben Jahre. Es scheint demnach, daß schon damals seine Frau Mariota, bald nach der Geburt ihres Sohnes Giorgio, der beim Großvater verblieb und ihn später beerbte, gestorben war. Mairano verlegte nunmehr den Schwerpunkt seiner Tätigkeit nach Konstantinopel. — Hier zahlte er zunächst im Oktober 1155 dem Bevollmächtigten des Gausoni, Navigaioso, die vereinbarten 24 Perpern aus. Wie es scheint, unmittelbar darauf, am 9. Oktober trat er mit Navigaioso selbst in Geschäftsbeziehung: er empfing von ihm ein Darlehen von 40 Perpern, rückzahlbar nächste Weihnacht mit 20 % Zinsen. Ebenso nahm er am 10. November von Filippo Ziani, einem Sohne des reichen späteren Dogen Sebastiano Ziani, 20 Perpern bis Epiphanias gegen 20 Proz. Zins. Beides waren keine eigentlichen Seedarlehen. Daß Mairano sich für einen längeren Aufenthalt im Orient einrichtete, zeigt schon die Tatsache, daß er in Konstantinopel Grundbesitz erworben hatte. Im November 1155 vermietete er ein ihm gehöriges Haus (mansio) an Jacopo Alberigno auf 4 Jahre für eine jährliche Miete (casaticum) von 9 Perpern. Im Dezember war er endlich auch mit dem Verkauf des Holzes fertig geworden und konnte endlich seine collegantia mit Domenico Quirino beenden: er übergab dessen Sohn und Bevollmächtigten in Konstantinopel, Pietro Quirino, die schuldige Summe von 116 $^2/_3$ Perpern.

Im Januar des folgenden Jahres (wohl am Epiphaniastage) zahlte er vertragsgemäß Filippo Ziani die entliehenen 20 Perpern mit Zins zurück. Im Februar erklärte Jacopo Alberigno den Rücktritt von seiner Pacht und lieferte das Haus seinem Eigentümer wieder zurück. — Mit dem kommenden Frühling nahm Mairano seine Seefahrten wieder auf, zwar noch in fremdem Schiffe, doch jetzt in der Stellung eines Nauklerus. Aus nicht erkennbaren Gründen hatte er dem Navigaioso letzte Weihnacht sein Darlehen von 40 Perpern nicht zurückgegeben; deshalb erfolgte im Mai 1156 eine Umwandlung der Schuld in der bekannten Form: Navigaioso erklärte sich für befriedigt und erteilte Mairano Quittung, während dieser gleichzeitig mit ihm eine neue collegantia abschloß: die 40 Perpern bildeten nebst ihren Zinsen die Einlage Navigaiosos mit 50 Perpern, Mairano beteiligte sich mit 25. Als Ziel der Fahrt wurde Smyrna ins Auge gefaßt, das seit dem ersten Kreuzzuge wieder byzantinisch gewordene Emporium Kleinasiens, welches jedoch auffallenderweise nicht in dem Städteregister des Privilegs von

Manuel Komnenos an Venedig aufgeführt wird. Die Reise war naturgemäß kurz und die Geschäfte gingen glatt von statten, so daß Mairano schon im Juni wieder in Konstantinopel war und seinen Gewinn mit Navigaioso teilte. — Man darf annehmen, daß Mairano diese Fahrt nunmehr in kurzen Pausen wiederholte. Auf ein solches Geschäft scheint auch ein großenteils unleserliches Pergament sich zu beziehen, eine Quittung, die Guido Valaresso im November 1156 in Konstantinopel Mairano ausstellte [1]).

Auch sein Bruder Samuel Mairano, der wohl mit Romano zusammenlebte und vielleicht im Compagniaverhältnis zu ihm stand, beteiligte sich an den offenbar recht gewinnbringenden Handelsunternehmungen nach Smyrna. Er empfing im Januar 1157 in Konstantinopel von Stefano Donno 44 $\frac{1}{2}$ Perpern als Seedarlehen nach Smyrna, um sie nach seiner Rückkunft mit 16 $\frac{2}{3}$ Proz. (de sex septem) Zinsen zurückzuzahlen. Es traten aber verzögernde Hemmnisse in den Weg, welche die Abrechnung erst im Dezember 1157 erfolgen ließen.

Romano Mairano war da glücklicher. Von demselben Kapitalisten Stefano Donno ließ er sich im Februar 1157 ein Seedarlehen von 66 Perpern geben, die er den gewohnten Weg nach Smyrna nahm und nach zwei Monaten im April in Konstantinopel mit 20 Proz. Zins zurückerstattete. Kaum angekommen rüstete er sich zur Wiederholung der Fahrt: noch im April nahm er als Seedarlehen von Domenico Cello 60 stauromanuelati [2]) und verpflichtete sich, innerhalb 15 Tagen nach Eintreffen der nächsten Mudua von Smyrna in der Hauptstadt sie mit 20 Proz. Zins zurückzuzahlen. Leider ist die Abrechnungsquittung nicht erhalten.

Es folgt eine kleine Lücke in den Nachrichten über Mairano, doch zeigt die nächst erhaltene Urkunde, daß er noch immer die Besuche von Smyrna fortsetzte. Im März 1158 erhielt er wieder von Stefano Donno 48 Perpern als Darlehen, um damit nach Smyrna oder Andrametis (Adramyt) zu segeln;

---

[1]) Von dem Texte ist fast nichts mehr erkennbar, doch kommt das Wort taxegium darin vor; deshalb kann die Quittung nicht auf das Darlehen Valaressos vom August 1154 Bezug haben.

[2]) Vgl. Exkurs.

letzterer Ort ist im Hintergrunde der gleichnamigen Bucht gelegen, die nördlich von Lesbos in die kleinasiatische Küste einschneidet. Mairano wählte die erstere Route und tritt uns im April 1158 zusammen mit seinem Bruder Samuel in Smyrna entgegen. Es scheint, daß in dieser Zeit die Nachricht von dem Tode ihres Vaters die Brüder in Byzanz erreichte und sie zur Auseinandersetzung über ihr Erbe veranlaßte[1]. Sie teilten das ganze bewegliche Vermögen untereinander auf und vereinbarten, daß nur der liegende Besitz (proprietates terrarum et casarum nostrarum) in den Händen ihrer Mutter für deren Mitgift ungeteilt verbleiben solle. Gleichzeitig lösten sie auch alle Geschäftsbeziehungen, die etwa noch zwischen ihnen bestanden. — Im folgenden Monate erstattete Romano Mairano wie gewöhnlich in Konstantinopel dem Stefano Donno sein Darlehen mit 16 $2/3$ Proz. Zins zurück.

Wir verlieren ihn nun für drei Jahre aus den Augen, indes wissen wir, daß er nicht nach Hause zurückkehrte. Im November 1158 erließ der Doge Vitale Michiel, wie das bei besonderen Anlässen häufiger geschah, eine sogenannte publica promissionis carta[2], in der er verfügte, daß alle in Romanien weilenden Venezianer bis Ostern 1159 und alle, die sich in Syrien aufhielten, bis spätestens September 1159 nach Venedig zurückkehren sollten. Man plante nämlich einen Kriegszug gegen das abgefallene Zara[3] und bedurfte zu diesem Zwecke der persönlichen und pekuniären Mitwirkung der abwesenden Kaufleute. Vielleicht wurde eine Zwangsanleihe ausgeschrieben.

Den Brüdern Mairano aber schien es wie noch manchen anderen (z. B. Marco Bembo, Viviano Faliero) vorteilhafter, ihre lukrative Beschäftigung nicht zu unterbrechen. Sie

---

[1] Die Urkunde stellt es anfangs so dar, als seien beide Eltern gestorben (post obitum genitorum nostrorum); doch zeigt sich dann, daß die Mutter noch lebte.

[2] Erhalten ist eine solche vom November 1188, die zum Kampfe gegen die Sarazenen rief. Tafel und Thomas I, p. 204 ff. Die Existenz unserer geht hervor aus einer Urkunde vom Mai 1160 (St.-A. a. a. O. und einiger anderer. Vgl. Cecchetti, La vita dei Veneziani fino a 1200, p. 49 f.

[3] Annales Venetici breves p. 71.

leisteten dem Rufe keine Folge; deshalb wurde Romano Mairano im März 1160 von dem Dogen und seinen Räten in contumaciam zu einer Geldstrafe von 30 £ Denaren verurteilt[1]). Sein Schwiegervater erklärte sich bereit, sie für ihn auszulegen, und wurde deshalb von der Behörde ermächtigt, für je 12 solidi der vorgeschossenen Summe einen Goldperper von Mairano zurückzuverlangen.

Dieser hatte mittlerweile seine Besuche von Smyrna aufgegeben. Wir sehen ihn im Juli 1161 in Accon auftauchen. Er erhielt von Marco Foscari ein Seedarlehen von 210 neuen bycantii saracenati mit der Verpflichtung, ihm in Konstantinopel 270 Perpern auszuzahlen[2]). Im August 1161, ebenfalls noch in Accon schloß er mit Giovanni Dandolo eine collegantia ab, zu welcher er selber 65, Dandolo 130 bycantii saracenati beisteuerte. Mit diesem Kapitale sollte Mairano in dem von ihm als Nauklerus geleiteten Schiffe zunächst nach Alexandria segeln und später in Konstantinopel abrechnen. Es scheint, daß er diesen Plan auch ausführte: in Konstantinopel zahlte er dem Guido Quirino aus Torcello, dem Bevollmächtigten des Foscari, die stipulierten 270 Perpern aus und kehrte dann nach Accon zurück, wo ihm im November 1161 Foscari selber die Quittung ausstellte. Doch sogleich trat er wieder die Rückfahrt nach Byzanz an — natürlich wird er keine Fahrt mit leeren Händen gemacht haben — und nahm bereits im Dezember in Konstantinopel von Nicolò Sagornino ein neues Seedarlehen im Betrage von 400 Perpern nach Accon. Die Wintermonate blieb er in der Hauptstadt und rechnete hier auch im Februar 1162 mit Giovanni Dandolo betreffs seiner collegantia ab. Die Frühjahrsmudua brachte ihn zurück nach Accon, wo er zunächst im April dem Nicolò Sagornino sein Darlehen mit Zins zurückerstattete. Auch sein Bruder Samuel befand sich

---

[1]) Wie es Samuel Mairano erging, wissen wir nicht; doch blieb auch er in Byzanz: im Mai 1159 schloß er in Konstantinopel mit Domenico Maciacahallo aus Torcello eine collegantia (16½ + 33 Perpern), deren Ertrag er im April 1160 den Bevollmächtigten seines Partners in Konstantinopel zur Hälfte auszahlte.

[2]) Vielleicht haben wir es hier mit einer Überweisung zu tun; aus der allein erhaltenen Quittung geht es nicht klar genug hervor.

um diese Zeit dort: mit ihm gemeinschaftlich schloß er im April 1162 mit Dat Celso, Einwohner von Accon, einen Vertrag ab: Celso hatte sich für eine Lieferung von 50 cantaria Eisen, welche die Brüder der Niederlassung des Templerordens in Accon versprochen hatten, verbürgt; die Mairani verpflichteten sich, bis nächste Ostern (also in Jahresfrist) pünktlich zu liefern, widrigenfalls sie Celsos etwaigen Schaden doppelt ersetzen sollten.

Wieder bezeichnet eine kleine Lücke einen neuen Abschnitt in der Handelstätigkeit Mairanos. Vielleicht erfüllte er Ostern 1163 in Accon noch seine letztgenannte Verpflichtung, jedenfalls kehrte er dann nach Venedig zurück[1]) mit den reichen materiellen Ergebnissen seiner Unternehmungen. Er benutzte diese, um ein eigenes Schiff zu erwerben und hinfort als Reeder in vergrößertem Maßstabe seine Geschäfte zu treiben. In einem fremden Schiffe treffen wir ihn, bis er sich in den Ruhestand zurückzog (1190 ungefähr), nicht mehr an. Damit verband sich noch eine andere Änderung in der Betriebsweise seines Handels: von jetzt ab schloß er zwecks Kapitalaufbringung keine collegantia-Verträge mehr ab, sondern nahm nur noch Seedarlehen, bei denen er sich also trotz des hohen Zinses noch besser gestanden zu haben scheint, als wenn er seinen Gewinn mit jemandem hätte teilen müssen. — Im August 1164 bezahlte er in Venedig seinem Schwiegervater Corrado Manducaseum die von diesem im März 1160 ausgelegte Geldstrafe von 30 £ mit dem angegebenen Zuschlag zurück. Gleichzeitig erteilte ihm Rustico Janne Vollmacht, um von Stefano Fano in Syrien (vermutlich in Accon) 24 bycantii saracenati und einige andere Dinge einzufordern[2]).

Mairano fuhr dann zu einem neuen etwa vierjährigen

---

[1]) Möglicherweise wurde wieder ein Rückberufungsdekret erlassen, da 1162—1164 Kämpfe mit den Nachbarstädten stattfanden und reiche Subsidien (12000 Mk. Silber) zur Unterstützung der Feinde Barbarossas von der Republik gezahlt wurden. Hist. duc. p. 77. Im Juni 1164 wurde auch die vielgenannte älteste Anleihe gezeichnet (1500 Mk. Silber). Cecchetti a. a. O. p. 71. Abgedruckt mit falschem Datum bei Muratori, XXII, p. 479.

[2]) Nach der Angabe des Indice, da das Original unauffindbar.

Aufenthalte im Orient ab [1]). Wir treffen ihn im April 1165 in Accon, wo er von Marco Encio ein Seedarlehen von 300 Byzantien unter folgenden Bedingungen erhielt: er soll mit seinem Schiffe zuerst nach Kreta fahren; kehrt er von da nach Accon oder Antiochia zurück, so muß er in einem dieser Plätze 400 bycantii saracenati zurückerstatten, als Kapital plus 33 $^1/_3$ Proz. Zinsen; will er aber von Kreta nach Alexandria weiterfahren, so kann er entweder gleich in Kreta die 300 Byzantien zurückgeben (also zinslos) oder sie mit nach Alexandria nehmen, wo er dann dem Marco Encio 400 alte bycantii saracenati schuldet. Mairano entledigte sich seiner Verpflichtung bereits in Kreta und befriedigte dort im Juli seinen Kapitalgeber, der ihn begleitet hatte. Ob er dann die Fahrt nach Alexandria fortsetzte, ist nicht ersichtlich, da leider das Material hier etwas spärlich ist. Im Februar 1166 traf Mairano in Konstantinopel mit Guido Valaresso zusammen, der ihn an die Bezahlung seiner früheren Schuld (August 1154) mahnte. Doch Mairano behauptete, sie bereits beglichen zu haben, konnte aber eine Quittung nicht vorweisen. Sie kamen deshalb dahin überein, daß, wenn Mairano nicht bis zum August 1168 die Quittung oder den zerschnittenen Schuldschein herbeischaffen könnte, er zahlen solle. Im Frühjahr kehrte er nach Accon zurück und schloß hier mit Pietro Morosini im April 1166 einen Darlehensvertrag: für den Empfang eines nicht genannten Warenquantums verpflichtete er sich, in Jahresfrist 150 bycantii saracenati auszuzahlen; wenn er schon im September nach Accon zurückkehrt, dann gleich 50 und den Rest Ostern 1167; sonst die ganze Summe Ostern 1167. Seine Reisen in dieser Zeit gingen ständig zwischen Konstantinopel und Accon hin und her. Im Februar 1167 taucht er in ersterer Stadt auf. Er nahm von Jacopo Dequilo ein Seedarlehen von 100 Goldperpern, das er als Nauklerus in seinem Schiffe nach Accon brachte, wo er dem Dequilo 134 bycantii saracenati im April 1167 zurückzahlte. Gleichzeitig wird er wohl auch die um dieselbe Zeit fällige Schuld an Morosini getilgt haben.

---

[1]) Auch Samuel befand sich damals dort: im März 1165 erstattete er in Konstantinopel Giberto Valaresso 25 Perpern zurück, die ihm dieser im April 1160 gegeben hatte.

Ohne weiteren Aufenthalt kehrte er nach Konstantinopel zurück. Ein glücklicher Zufall hat es gefügt, daß für seine nächste Unternehmung die Quellen ungewöhnlich reichlich fließen, so daß wir uns darnach ungefähr ein Bild von seiner Tätigkeit machen können, um nach diesem Einzelfalle die übrigen zu rekonstruieren. Damit soll jedoch keineswegs gesagt sein, daß wir über die folgende Handelsfahrt vollständig unterrichtet sind. Die Urkunden zeigen uns zunächst, daß Mairano sich damals im Besitze von zwei Schiffen befand; sein Betrieb hatte also eine weitere Ausdehnung erfahren. Eines davon leitete er wie bisher selber als Nauklerus, für das andere hatte er den Bartolomeo Juliano zu dieser Stellung engagiert. Sein Plan ging dahin, in Konstantinopel durch Seedarlehen Kapital aufzubringen, soweit er nicht eigenes mitwirken ließ, dann mit beiden Schiffen nach Lokryto[1] zu fahren, vielleicht um dort Ladung einzunehmen, hierauf mit dem nächsten Geschwader Alexandria anzulaufen und von dort noch mit der Wintermudua nach Konstantinopel zurückzukehren, um innerhalb 20 Tagen die Teilnehmer der Expedition auszuzahlen. In diesem Sinne schloß er im Juli 1167 seine Verträge ab:

Für das von ihm selbst geführte Schiff

empfängt er:		soll zurückerstatten:		also Zinsfuß:	
100 Perpern	von Stefano Donno de Castello .	150 Perpern		50	%
108 „	Nicolò Goriani[2] aus Konstantinopel	108	„	—	„
50 „	Michael Anaxiotis a. Konstpl. .	70	„	40	„
50 „	Vitidino Bono aus S. Antolino	70	„	40	„

Für das von Juliano geführte Schiff:

200 Perpern	von Martino Atrigna aus Caorle	286	„	43	„
100 „	Domenico Donno v. Litus Bovense	150	„	50	„
100 „	Giovanni Bono aus Konstantinopel	143	„	43	„
88 „	Domenico Dalondo aus Caorle .	129	„	46 2/3	„

---

[1] Ein häufig in venezianischen Urkunden genannter, in der Nähe von Halmyros gelegener Ort. Mit welchem sonst bekannten er zu identifizieren ist, weiß ich nicht.

[2] Der Zweck dieses Darlehens ist unklar; vielleicht ist der Zins in irgend einer Form verschleiert.

Stefano Donno verpflichtete sich noch besonders, für dieses taxegium in Mairanos Dienste zu treten. Sein Entgelt war in obigem Darlehenszins inbegriffen. Die Fahrt verlief günstig. Rechtzeitig trafen die Schiffe in Lokryto und dann mit der ersten Mudua auch in Alexandria ein. Hier änderte Mairano teilweise seinen Plan. Das Schiff, in dem Juliano Nauklerus war, schickte er zu einer Handelsfahrt nach Halmyros, von wo es nach Konstantinopel zurückkehren sollte. Die darin investierten Kapitalien zahlte er schon im November in Alexandria ihren Eignern zurück, welche die Reise mitgemacht hatten und ihm jetzt quittierten. Dagegen schloß er zwei neue Kommendaverträge ab, in denen er selber Kapital mit diesem Schiffe fortschickte. Mit Domenico Jacopo ging er eine collegantia ein (November 1167), in die er 2 sortes seines Schiffes à 9 Perpern und außerdem 7 Perpern in bar, im ganzen also 25, einlegte, während Jacopo, der die Rolle des tractator übernahm, sich mit 1 sors und 3 $\frac{1}{2}$ Perpern, zusammen 12 $\frac{1}{2}$, begnügte [1]). Ebenso vertraute er seinem Kapitän Bartolomeo Juliano 4 sortes (= 36 Perpern) und 12 bycantii saracenati in einseitiger Kommenda an. Beide sollten innerhalb 15 Tagen nach ihrer Ankunft in Konstantinopel Rechenschaft ablegen. Mairano selbst steuerte unterdes sein anderes Schiff mit der Wintermudua direkt nach Konstantinopel zurück. Hier als dem eigentlichen Erfüllungsort seiner Verpflichtungen ließ er sich nochmals von den ausbezahlten Teilnehmern der Unternehmung Quittung geben und seine Schuldscheine zurückerstatten [2]). Im selben Februar 1168 befriedigte er auch zwei seiner anderen Gläubiger. Nur Michael Anaxiotis und Vitidino Bono quittierten ihm erst im März. — Damit verschwindet Mairano einstweilen aus Romanien. Bartolomeo Juliano, der ihm im Mai seinen Anteil aus der collegantia auszahlen wollte, traf ihn bereits nicht mehr in Konstantinopel und mußte darum die Zahlung seinen Bevollmächtigten Giovanni Girardo und Leonardo Truno machen.

---

[1]) Jacopo hat seine Schuld nie zurückbezahlt.

[2]) Diese waren nämlich von ihren Eigentümern „in commendatione" in Konstantinopel zurückgelassen und dafür Duplikate mitgenommen worden, um die Originale nicht der Seegefahr auszusetzen.

Wie Andreas Dandolo bezeugt, verbot der Doge Vitale Michiel 1168 allen Venezianern den Verkehr mit Byzanz[1]). Es war die Zeit der in dem vorigen Kapitel geschilderten Spannung mit dem griechischen Hofe. Man ahnte etwas in Venedig von den verräterischen Absichten Kaiser Manuels; mit der dem βασιλεύς verbündeten Stadt Ancona lebte die Republik sogar auf offenem Kriegsfuße[2]). Daraus erklärt sich wohl zur Genüge, warum Mairano vorläufig in seine Heimat zurückkehrte. Im August 1168 tilgte er in Venedig endlich seinem Nachbar Guido Valaresso die alte Schuld vom August 1154 im Betrage von 30 Goldperpern, da es ihm nicht möglich gewesen war, eine Quittung aufzufinden. — In dieser Zeit unfreiwilliger Muße scheint er weitausschauende Pläne für seine künftige Tätigkeit entworfen zu haben, die wir nur zum Teil zu durchschauen vermögen. Nicht klar ersichtlich ist zunächst, was ihn zu seinem Wohnungswechsel in Venedig veranlaßte, der zwischen dem August 1168 und dem November 1169 stattgefunden haben muß. Er vertauschte den Sprengel S. Ternità mit dem Sprengel S. Giovanni Evangelista. Nicht unwahrscheinlich ist es, daß diese Veränderung mit seiner Wiederverheiratung in Verbindung stand, die ebenfalls in dieser Zeit vor sich ging. Er vermählte sich in zweiter Ehe mit Matelda Arunvado, die ihm eine Mitgift von 300 £ venezianischer Denare zubrachte. Diese Summe kam im Verein mit seinen im Handel erworbenen Reichtümern sicher seinen weiteren Zwecken zu statten. Kinnamos hatte jedenfalls recht, wenn er ihn bei seinem nächsten Auftreten in Byzanz πλούτῳ διαφέρων, ausgezeichnet durch Reichtum, nannte[3]). In diese Jahre muß nämlich notwendigerweise auch der Bau seines riesigen, mit drei gewaltigen Segeln ausgestatteten Schiffes gesetzt werden, das wegen seiner außerordentlichen Größe den Namen „Maiorando" erhielt[4]) und später in Konstantinopel allgemeines Aufsehen

---

[1]) col. 291: De hoc Dux providus Venetis, ne in Romaniam pergerent, universaliter interdixit.

[2]) Annales Venetici breves p. 72.

[3]) A. a. O. p. 283.

[4]) Cronaca di Marco im Archivio storico italiano VIII (1854), p. 260: multi ex venetis aufugerunt de constantinopoli cum navi una vocata

erregte[1]). Doch ehe er sich an die Befrachtung dieses Schiffes machte, suchte er noch einen anderen Plan zu verwirklichen, der ihm offenbar bei seinem langjährigen Aufenthalt in Konstantinopel gekommen war. Er kannte die alte Kaiserstadt mit ihrem rastlosen Verkehr und geschäftigen Treiben an den Kais und Landungstreppen[2]), und so ist es begreiflich, daß er gerade hier eine neue Erwerbsquelle entdeckt zu haben glaubte. Er knüpfte Unterhandlungen mit dem Patriarchat von Grado an, dessen Sitz schon seit langem Enrico Dandolo (1130—1182) einnahm, der Oheim des Eroberers von Konstantinopel. Der Doge Ordelafo Falier hatte durch ein Diplom im September 1107[3]) dem venezianischen Archiepiskopat zur Ablösung der ihm seit 1074 aus dem Staatsschatz und von den Suffraganen zu zahlenden Geldrenten die Kirche des hl. Akindynos in Konstantinopel mit allen ihren Gerechtsamen und Einkünften zugewiesen. Die Verhandlungen mit Dandolo gediehen im Oktober 1169 zum Abschluß: Mairano pachtete auf sechs Jahre alle an der Riva in Konstantinopel befindlichen Gebäude, Tabernen, Wagen und Gewichte, Maße für Öl, Wein und Honig und alles andere, was dort der Patriarchat von Venedig besaß, und verpflichtete sich dafür, mit dem ersten Frühjahrsgeschwader auf dem besten Schiffe, das er auftreiben könnte, jährlich 500 £ Veroneser Denare an den Erzstuhl abzuführen; die Pacht sollte am 1. September 1170 beginnen[4]). Damit besaß Mairano für 6 Jahre das Monopol der Maße und Gewichte für seine Landsleute in Konstantinopel; denn die Verleihungsurkunde vom September 1107 bestimmte ausdrücklich: Itaque nulla alia statera, vel rubus, vel pondus et metrum in Constantinopoli, vel in imbolo nostro sub manu alicuius esse

---

maiorando. Der Vermutung Heyds (I, p. 240), der maiorando für einen Schreibfehler statt mairani hält, kann wegen des dazwischenstehenden vocata nicht zugestimmt werden.

[1]) Niketas p. 223: ... ναῦς τῶν τριαρμενίων, ἧς δὴ πολὺ χανδεστέραν ἢ μᾶλλον τὸ μέγεθος προφερεστέραν οὔποτε καιροῦ ναυλοχήσειν ἐλέγετο.

[2]) Man vgl. die zeitgenössische Schilderung von Benjamin von Tudela. (Französische Übersetzung von Baratier, Amsterdam 1734, I, p. 44 ff.)

[3]) Tafel und Thomas I, p. 67 ff.

[4]) Erwähnt wird dieser Pachtvertrag auch von Cecchetti a. a. O. p. 38.

debeant, nisi statera et ruba et pondera et metra predictae Ecclesiae. Leider dachte er nicht daran, in seinen Verpflichtungsschein die später bei ähnlichen Abmachungen übliche Klausel aufnehmen zu lassen: excepto incendio et violentia D. Imperatoris[1]). So aber lud er ein nicht geringes Risiko auf sich. Denn der Verkehr mit Byzanz war noch immer nicht eröffnet, und vielleicht war deshalb die Pachtsumme relativ niedrig, weil kein anderer sich zu dem gefährlichen Unternehmen entschloß. Es war entschieden eine gewagte Spekulation.

Indessen hoffte man doch allgemein auf eine baldige Beilegung der Differenzen mit dem östlichen Kaiserhof. Im Vertrauen darauf begann Mairano die Ladung für sein Schiff zusammenzubringen. Im November 1169 nahm er in Gemeinschaft mit Jonathan Bugaro von Leonardo Gimarco eine gewisse Warenmenge in Empfang, um in Jahresfrist in Konstantinopel dafür 120 Perpern zu entrichten. In ähnlicher Weise verpflichtete er sich im Dezember allein, demselben Gimarco für Waren in nicht genanntem Wert nach Ablauf eines Jahres in Venedig oder Konstantinopel 240 Perpern zurückzuerstatten. Auch die Monate des folgenden Jahres waren mit Kontrakten der Art angefüllt. Im März 1170 bekam er von Sebastiano Ziani, der bald darauf Doge wurde, einen größeren Posten, für den er nächste Weihnacht in Konstantinopel 500 Perpern zurückzahlen sollte. Im gleichen Monat übernahm er von Giovanni Bembo 4000 Pfund Kupfer zur Verfrachtung nach Byzanz. Im April 1170 war die Möglichkeit der Fahrt noch immer zweifelhaft. Das sehen wir aus seiner Abmachung mit Pietro Foscari, dem er für seine Lieferung in Konstantinopel 450 Perpern geben soll, oder, wenn der Auslauf seines Schiffes mit der Septembermudua verboten sein wird, in Venedig in Jahresfrist 385 Perpern. Im Mai 1170 erhielt er von Warnerio Daponte Waren, um ihm nächsten Karneval 250 Perpern zurückzuerstatten. Im Juli steuerte auch Andrea Dandolo 200 Perpern bei, um nächste Weihnacht 240 in Konstantinopel zu empfangen.

---

[1]) In der Urkunde von 1183 bei Tafel und Thomas I, p. 177.

Im August flossen ihm die Mittel noch reichlicher zu. Denn die Aussichten waren nunmehr die günstigsten. Die kaiserlichen Gesandten waren voll der glänzendsten Verheißungen, wenn die venezianischen Kaufleute ihre Geschäfte in Byzanz wieder aufnehmen wollten; sie versprachen ihnen eine völlige Monopolstellung [1]). Die Venezianer ließen sich täuschen, das Handelsverbot wurde aufgehoben. Wie ein zurückgedämmter Strom, dem plötzlich die Hindernisse aus dem Wege geräumt werden, brach nun die mühsam zurückgehaltene Menge der Kaufleute, deren Interessen sich so eng mit dem Ostreich in jahrhundertelangem Verkehr verknüpft hatten, nach den Städten Romaniens und vor allem der glänzenden Megalopolis auf. Exierunt, erzählt die Historia ducum l. c., autem anno illo fere viginti milia Venetorum in Romaniam, portantes secum pecunias infinitas et arma copiosa et naves multas et magnas. — Rasch konnte Mairano jetzt seine Ladung vervollständigen; manche bisherigen Teilnehmer erhöhten noch ihre Beiträge. So gab ihm Sebastiano Ziani, der die Reise als Gesandter selber mitmachte [2]), noch Waren gegen 125 Perpern kommende Weihnacht in Konstantinopel; Warnerio Daponte tat das gleiche und bedang sich 50 Perpern zum selben Termin aus. Leonardo Bono forderte für seine Lieferung innerhalb 30 Tage nach Ankunft des Schiffes in Byzanz 100 Perpern. Endlich versprach Mairano dem Filippo Faliero für einen größeren Posten zu den gleichen Bedingungen 500 Perpern. — Bevor er aber Venedig den Rücken wandte, engagierte er sich noch eine Hilfskraft, die er wahrscheinlich bei der Vereinnahmung der Gefälle in Konstantinopel zu verwenden gedachte. Denn die Zeit jenes Pachtkontraktes und dieses Dienstvertrages stimmen genau überein: Domenico d'Aurieno trat auf 6 Jahre in seine Dienste gegen freie Beköstigung, Bekleidung, Beschuhung und 12 £ Denare in bar; einen darauf gegebenen Vorschuß von 40 solidi händigte er seiner Mutter ein.

Um die gewohnte Zeit brach das Herbstgeschwader auf, diesmal ungewöhnlich zahlreich und reich beladen; mit ihm

---

[1]) Historia ducum p. 78.
[2]) Dandolo col. 293.

auch Mairano, der seinen großen Segler selbst als Nauklerus leitete. In Konstantinopel angekommen, nahm anfangs alles einen günstigen Verlauf. Er trat im September seine Pacht der Gerechtsame am Kai an. Im Oktober entledigte er sich vertragsgemäß seiner Verpflichtung gegen Filippo Faliero (500 Perpern). Im November zahlte er auch dem Leonardo Gimarco die fälligen 120 Perpern aus. Dann aber trat plötzlich eine Stockung ein; im Dezember kam Mairano seinen Verbindlichkeiten bereits nicht mehr nach. Ob daran etwa die feindlichen Zusammenstöße zwischen Venezianern und Genuesen in Konstantinopel schuld waren, läßt sich nicht mehr entscheiden. Die Urkunden lassen uns hier im Stich und wir sind auf die Angaben der byzantinischen Chronisten angewiesen. Diese berichten, daß Mairano sein Riesenschiff dem griechischen Fiskus für eine große Summe verkaufte. Vorläufig blieb das Fahrzeug noch in seiner Obhut, vermutlich bis der Kaufpreis voll entrichtet worden wäre [1]). Letzterer Umstand sollte ein Glück für die venezianische Kolonie werden.

Denn mittlerweile zirkulierten bedenkliche Gerüchte über die Gesinnungen des Kaisers. Die Gesandten der Republik, Sebastiano Ziani und Orio Malepiero, baten Manuel um eine bündige Erklärung. Der suchte sie zu beruhigen und erließ zum Schein ein Edikt, daß niemand sich an einem Venezianer vergreifen solle [2]). Insgeheim aber zog er starke Truppenmassen nach der Hauptstadt und erteilte den Befehl durch sein ganzes Reich, alles zu einem gemeinsamen Schlage gegen die überall verstreut lebenden Venezianer vorzubereiten. Am 12. März 1171 brach das Verhängnis herein. Sämtliche Venezianer wurden ergriffen und eingekerkert, ihre Schiffe und Waren beschlagnahmt. In Konstantinopel erwiesen sich die Gefängnisse als nicht ausreichend, und so mußte eine Anzahl gegen Bürgschaft wieder freigelassen werden. Diese und von ihnen besonders diejenigen, die unverheiratet in der Stadt ansässig waren, versammelte Mairano bei Nacht um sich und bot ihnen sein Schiff zur Flucht an. Das Anerbieten wurde natür-

---

[1]) Kinnamos a. a. O.
[2]) Historia ducum a. a. O.

lich angenommen, das geräumige Fahrzeug bot für eine große Menge Platz und lichtete in aller Stille die Anker. Sobald die Griechen ihre Flucht bemerkten, bemannten sie ihre Trieren und Feuerschiffe und setzten ihnen nach. Sie erreichten den „Maiorando" in der Meerenge von Abydos und schleuderten aus dem ehernen Syphon am Buge das gefährliche griechische Feuer. Doch sie hatten es mit Gegnern zu tun, die ihre Kampfesweise kannten. Die Flüchtlinge schützten ihr Schiff durch aufgespannte, mit Essig getränkte Tücher, an denen die Geschosse machtlos abprallten, ins Wasser fielen und verlöschten. Gleichzeitig erhob sich ein günstiger Wind, der das Segelschiff so schnell vorantrieb, daß es bald dem Gesichtskreis der Verfolger entschwand [1]. Die Griechen kehrten unverrichteter Sache zurück, während Mairano glücklich Accon erreichte. Die Venezianer hatten meist nur das nackte Leben retten können und befanden sich daher dort in höchst bedrängter Lage. Da ließ ihnen die Bauverwaltung von S. Marco, die auch sonst gern den Staatsbankier spielte, für Rechnung der Kommune aus ihren reichen, stets flüssigen Mitteln eine Unterstützung von 1500 Byzantien zu teil werden, für die sie später in Tyrus (1175) reichlich entschädigt wurde [2]. — Sonst waren nur 20 venezianische Schiffe in Halmyros der Gefahr entgangen, da sie rechtzeitig gewarnt wurden.

Von Accon kehrte Mairano nach Venedig zurück. Seine Spekulationen waren völlig mißglückt: er hatte auf 6 Jahre die Einkünfte der venezianischen Riva in Konstantinopel gepachtet und konnte auf lange Zeit hinaus nicht daran denken, Byzanz auch nur zu betreten, während der Patriarch wenigstens vorläufig kaltblütig auf der Zahlung des Pachtgeldes bestand. Sein Schiff zwar hatte er gerettet, die ihm anvertrauten Waren und Gelder aber waren zum größten Teil verloren gegangen, so daß er noch nach Jahrzehnten an der Abzahlung seiner Schulden arbeitete. Eine Zusammenstellung seiner Verpflich-

---

[1] Niketas und Kinnamos a. a. O.
[2] Siehe die Schenkung bei Tafel und Thomas I, p. 167 ff.: ... quia ad subvencionem hominum Veneciarum, qui de captivitate Constantinopolitani Imperatoris cum nave Romani Mairani apud Acres confugerant, de pecunia prefati operis beati Marci mille quingenti Byzantii dati fuerunt.

tungen nach den Terminen, an denen sie eingegangen, fällig waren und bezahlt wurden, wird dies deutlich illustrieren:

Gläubiger	Schuldsumme	Kontrakt	Fälligkeit	Zahlung
Enrico Dandolo (Patriarch) . .	500 Perpern	Okt. 1169	Frühjahr 1171	{ Jan. 1172 / Juni 1173
Leonardo Gimarco	120 „	Nov. 1169	November 1170	Nov. 1170
„ „	240 „	Dez. 1169	Dezember 1170	Juli 1183
Sebastiano Ziani .	500 „	März 1170	Weihnacht 1170	April 1174
„ „	125 „	Aug. 1170	„ 1170	Sept. 1176
Giovanni Bembo .	4000 ù. Kupfer	März 1170	„ 1170	Dez. 1181
Pietro Foscari . .	450 Perpern	April 1170	„ 1170	Juli 1175
Warnerio Daponte	250 „	Mai 1170	Karneval 1171	Febr. 1177
„ „	50 „	Aug. 1170	Weihnacht 1170	Febr. 1177
Andrea Dandolo .	240 „	Juli 1170	„ 1170	Sept. 1174
Leonardo Bono .	100 „	Aug. 1170	Oktober 1170	April 1176
Filippo Faliero .	500 „	„ 1170	„ 1170	Okt. 1170

Es ist nicht anzunehmen, daß die Unternehmer für die Verluste, die sie unverschuldet durch die Gewalttat des Kaisers an dem durch Kredit aufgebrachten Kapitale erlitten hatten, in vollem Maße verantwortlich gemacht wurden, so daß die strengen Exekutivbestimmungen sofort in Kraft getreten wären. Suspendierte doch sogar der Fiskus wegen finanzieller Erschöpfung einfach bis auf weiteres die Zahlungen an die Staatsgläubiger[1]); daher wurde sicher auch den Privatschuldnern Stundung gewährt, zumal man auf die schließliche Restitution der geraubten Güter und Schadensersatzzahlungen von Byzanz rechnete. Mairano gelang es indessen, aus eigener Kraft seine Schulden allmählich abzustoßen, noch bevor endlich eine Entschädigungsrate vom βασιλεύς geschickt wurde, ein glänzendes Zeugnis für die Einträglichkeit seines Gewerbes. — Am unangenehmsten war ihm jedenfalls der Pachtkontrakt, an dem der Patriarch mit zäher Hartnäckigkeit festhielt[2]). Im Januar

---

[1]) Dandolo col. 297 f.
[2]) Auch sonst wissen wir von dem unbeugsamen Sinn Enrico Dandolos. Vgl. Annales Venetici breves p. 71, und Simonsfeld, Andreas Demdolo (1879), p. 3 f.

1172 machte er ihm eine Teilzahlung von seiner Schuld im Betrage von 125 £ Veroneser Denare.

Trotz der großen Vermögenseinbuße vermochte Mairano seinen bisherigen Handels- und Reedereibetrieb in uneingeschränktem Umfange fortzusetzen. Nur mußte er ihm eine andere Richtung geben, da alle Bemühungen, eine Verständigung mit dem griechischen Kaiser zu erzielen, einstweilen scheiterten und sein Reich deshalb dem Verkehre verschlossen blieb [1]). Ganz naturgemäß wandte er sich daher dem sarazenischen Emporium Alexandria zu, mit dessen Beherrscher die Gesandten der Republik gerade jetzt die freundschaftlichen Beziehungen erneuerten [2]). Seine nunmehrige Stellung als Gatte und Vater mehrerer Kinder bedingte auch eine Veränderung in dem Betriebe seiner Geschäfte: er wählte Venedig zum dauernden Standorte und Ausgangspunkt seiner Operationen und dehnte seinen Aufenthalt in der Levante nicht mehr über eine ganze Reihe von Jahren aus.

Im Frühjahr 1173 bereitete er seine erste Expedition nach Alexandria vor. Neben Metallen war Holz in Ägypten der am meisten begehrte Handelsartikel. Demgemäß setzte Mairano auch seine Ladung zusammen. Im März 1173 kontrahierte er mit Oliverio Vitale: er sollte ihm bis zum nächsten Mai einen Posten von 1400 Balken aus Verona (troncones de verona) und 600 Pappelholzbrettern (plancas de albero) frei an die Anlegestelle seines Schiffes liefern, wo Mairano sie auf seine Kosten verladen und nach Alexandria transportieren wollte, um sie dort zu verkaufen; am Erlöse sollten vermutlich beide partizipieren [3]). Im Mai 1173 nahm er von Sebastiano Davicenza ein Seedarlehen; er versprach dafür, im Fondaco der Venezianer in Alexandria [4]) innerhalb 30 Tagen nach seiner Ankunft 125 bycantii saracenati (veteres) zu zahlen; würde

---

[1]) Hist. duc. p. 81: Et ibant Veneti ad omnes terras securi, negociationes libere suas exercentes, preterquam ad terras Grecorum, quas Veneti propter imminentem imperatoris werram saepius laeserant.

[2]) Vgl. Kapitel IV.

[3]) Die Quittung gibt darüber keinen Aufschluß: illic vendere et facere, secundum quod (in) eadem manifestacionis carta legitur.

[4]) In alexandria in nostra fontica.

aber die Fahrt seines Schiffes nach Alexandria von der Behörde verboten, so sollte er ihm bis zum 7. September in Venedig 100 £ Veroneser Denare zurückerstatten. Der letztere Fall trat ein, das Schiff durfte nicht auslaufen, und deshalb gab Mairano im Juni 1173 dem Oliverio Vitale und wahrscheinlich im September dem Sebastiano Davicenza die anvertrauten Güter zurück. — Im Juni gelang es ihm auch, von seinem Pachtvertrage loszukommen und den Patriarchen zufriedenzustellen; er tauschte seine concessionis carta gegen die im Besitze Dandolos befindliche promissionis carta ein.

Die diesmal gescheiterte Unternehmung nach Ägypten sollte im folgenden Jahre unter der Protektion des Dogen selber zu stande kommen. Sebastiano Ziano nämlich, der seit 1172 den corno ducale trug, war als ein Hauptgläubiger Mairanos sehr an dessen kaufmännischen Erfolgen interessiert. Er griff zu dem beliebten Mittel der Umwandlung der Schuld: er quittierte ihm zunächst im April 1174 über die Zurückzahlung von 500 Perpern und händigte ihm den Schuldschein aus; gleichzeitig ließ er ihn aber eine Urkunde unterzeichnen, in der er erklären mußte, von seinem Sohne Pietro Ziani[1]) 1000 £ Veroneser Denare als Seedarlehen empfangen zu haben, dieselben bezw. ihr Äquivalent in seinem Schiffe nach Alexandria zu nehmen und ihm dort innerhalb 30 Tagen 25 carghi[2]) Pfeffer zur Verladung nach Venedig zu liefern. — Im Mai ging er einen ähnlichen Vertrag mit Jacopo Caroso und Domenico Derimano ein: er empfing von ihnen eine gewisse Warenmenge und sollte dafür in Alexandria am selben Termin 5 carghi Pfeffer venezianischen Gewichts „free on board" zur Fahrt nach Venedig liefern d. h. befreit von dem hohen ägyptischen Ausfuhrzoll[3]). — Von den übrigen Verträgen wissen wir nichts Sicheres. Doch scheint man allgemein einen glänzenden Gewinn von Mairanos Unternehmung erwartet zu haben: auch Andrea Dandolo rechnete jetzt auf Befriedigung seiner Forderung.

---

[1]) Da er sich als Doge an Handelsgeschäften nicht beteiligen durfte, schob er seinen Sohn vor, dem er später auch seine zweite Forderung an Mairano abtrat.

[2]) 1 cargo (caricus) = 400 Pfund.

[3]) Usque ad navem sine ulla dacione.

Da sein Bruder Enrico Dandolo, der spätere ruhmvolle Doge, sich ebenfalls zu einer Reise nach Alexandria, vielleicht zu Gesandtschaftszwecken [1]) anschickte, benutzte er die Gelegenheit, um ihm im Juli 1174 ein Inkassomandat für seine 240 Perpern mitzugeben. Er hatte sich in seiner Erwartung nicht getäuscht. Mairano langte mit dem Herbstgeschwader in Alexandria an und bezahlte sogleich im September seinem Bevollmächtigten Enrico Dandolo die Schuldsumme und ließ sich von diesem quittieren. Ebenso befriedigte er im September Enrico Bonoaldo, Giovanni Pino und Marco Signorello, denen er vielleicht auch Pfeffer- und Alaunlieferungen versprochen hatte. Im Oktober händigte er den Bevollmächtigten des Pietro Ziani, Oliverio Vitale und Giovanni Tanoligo, die 25 carghi Pfeffer und dem Jacopo Caroso und Domenico Derimano die 5 carghi, wie vereinbart, aus. Für den Dogen erledigte er außerdem noch einen Alaunauftrag von $33^1/_3$ Milliarien.

Die Wintermudua brachte ihn nach Venedig zurück, wo er im Januar 1175 dem Angelo Pino 8 carghi Pfeffer zurückgab oder bezahlte. Im Mai 1175 quittierte ihm Oliverio Vitale, der sich für ihn beim Dogen verbürgt hatte, noch einmal bezüglich der Alaunlieferung. — In diesem Jahre und dem folgenden verhielt sich Romano Mairano anscheinend ganz passiv; doch war es ihm möglich, einige Schulden von 1170 abzutragen. Fast möchte man glauben, daß sein Schiff sich damals nicht mehr in seetüchtigem Zustande befand. Denn während seiner ganzen Reedertätigkeit von 1164 bis 1190 vertauschte er mit großer Regelmäßigkeit alle 5 bis 7 Jahre sein altes Schiff mit einem neuen [2]), so daß die durchschnittliche Lebensdauer eines Kauffahrers damals etwa 6 Jahre gewesen zu sein scheint [3]). Diesmal zwar baute er selber kein neues Schiff, sondern be-

---

[1]) Vermutlich wurde damals erst die pax firmissima der Historia ducum mit Saladin geschlossen, denn 1173 scheinen ja noch Störungen im Verkehr mit Ägypten vorgelegen zu haben.

[2]) Er verbrauchte nacheinander vier Schiffe, wenn wir von dem einen Falle absehen, in dem er gleichzeitig ein zweites besaß; er ließ je ein neues bauen: ca. 1164—ca. 1169—1177—1184.

[3]) Vgl. Statuta navium LXXII.

teiligte sich an dem Unternehmen seines Bruders Samuel. Mit diesem in Zusammenhang stehen wohl auch zwei Urkunden aus dem Juli 1175. In der einen quittierte Pietro Foscari dem Mairano über die Rückzahlung von 450 Perpern aus dem April 1170, in der anderen zedierte Sebastiano Ziani seinem Sohne Pietro seine Forderung von 125 Perpern aus dem August 1170. Foscari ließ sich wahrscheinlich einen neuen Schuldschein ausstellen, während Ziani auf den günstigen Ausgang der bevorstehenden Expedition und Bezahlung aus Romano Mairanos Gewinnanteil nicht zu Unrecht spekulierte. — Samuel Mairano hatte nämlich ein eigenes Schiff bauen lassen, allerdings mit starker Inanspruchnahme fremden Kapitals, und schloß mit seinem Bruder im August 1175 eine compagnia[1]) unter folgenden Bedingungen ab: ein Drittel des ganzen Schiffes nebst seiner Ausrüstung und Ladung gehören Romano, zwei Drittel Samuel; in gleichem Verhältnis werden Gewinn und Verlust geteilt. Samuel muß zuerst mit seinem Schiffe nach Accon fahren, um dort eine zum Bau desselben eingegangene Schuld von 1500 bycantii saracenati aus dem Gesellschaftskapitale zu bezahlen[2]); der Überschuß verbleibt in der compagnia, deren Dauer vorläufig auf ein Jahr festgesetzt wird; nach Ablauf desselben hat Samuel Rechenschaft zu geben.

Romano machte die Fahrt möglicherweise mit. Im September traf das Schiff in Accon ein, wo Samuel seine Schuld zu tilgen hatte. Die Kunde von dem im gleichen Monat abgeschlossenen Abkommen mit König Wilhelm von Sizilien, das den Venezianern die Herabsetzung aller bisherigen Abgaben in den wichtigsten Hafenstädten auf die Hälfte gewährte[3]), muß sogleich nach Syrien gedrungen sein und veranlaßte Samuel Mairano, den Kurs nach Messina zu nehmen. Er nahm von Domenico Bello ein Seedarlehen von 400 bycantii sara-

---

[1]) Unmittelbar vorher geht eine Quittung, welche gleichsam die ganze Vergangenheit begräbt und eine neue Ära der Geschäftsbeziehungen mit dem compagnia-Vertrage eröffnet.

[2]) Sciendum tamen est, quod pro debito, quod factum habeo pro eadem nave, debeo appagare in acris de habere suprascripte compagnie bizancios sarracenatos mille quingentos.

[3]) Tafel und Thomas I, p. 174. Vgl. Kap. IV.

cenati und verpflichtete sich, dieselben in seinem Schiffe, das der Nauklerus Baccamaiore führte, nach Messina zu bringen und dort bis zum 1. Februar 1176 500 byzantinische Perpern oder ihren Wert in Gold-Tari zurückzuerstatten, auch wenn er vor diesem Termin sein Schiff verkaufte oder sein taxegium fortsetzte. — Der Verlauf der Unternehmung scheint befriedigend gewesen zu sein: Im April 1176 bezahlte Romano Mairano in Venedig seine Schuld an Leonardo Bono (vom August 1170) von 100 Perpern zurück. Im Juli quittierte Domenico Bello dem Samuel Mairano über die richtige Erfüllung seines Vertrages. Im September endlich beendeten die Brüder ihre compagnia[1]) und Romano zahlte den Pietro Ziani aus (125 Perpern vom August 1170).

Im Jahre 1177 ergriff Romano Mairano wieder die Initiative; sein Bruder wird hinfort gar nicht mehr genannt. Er ließ sich auf der Werft des Domenico Damiani neben dem Kloster S. Zaccaria (also an der heutigen Riva degli Schiavoni) ein neues Schiff bauen[2]), das im Juni 1177 segelfertig dastand, wohl ausgerüstet mit allen nötigen Dingen und der erforderlichen Zahl von Seeleuten[3]). Am gleichen Tage, dem 9. Juni 1177, schloß Mairano mit Giovanni Daponte, Domenico Barbadico und Pietro Barbano drei gleichlautende Seedarlehensverträge ab: er verpflichtete sich, die ihm anvertraute Ladung in seinem jüngst gebauten Schiffe nach Sita oder Bugia zu senden und in einem dieser Orte 2 Monate nach Ankunft des Schiffes einem jeden der Drei 1333 bycantii massamutini ohne Zollbelastung auszuzahlen. Er verpfändete einem jeden für seine Forderung ein Fünftel seines Schiffes mit Ausrüstung und Ladung[4]). Für denselben Termin versprach er im Juli dem Bisanzio von Murano für seine Warenlieferung 80 massamutini. Kontrakte zu demselben Zweck ging er außerdem noch

---

[1]) Die Quittung ist nicht erhalten, doch datiert vom September 1176 die Kopie des compagnia-Vertrages.

[2]) Samuel hatte sein Schiff offenbar, wie beabsichtigt, verkauft.

[3]) Bene ornata et sarciata et de marinariis et de omnibus suis necessariis causis, sicut consuetudo est nave ire per mare.

[4]) Der Gesamtwert des Pfandobjektes muß also im Minimum 6665 massamutini, wahrscheinlich aber mehr, betragen haben.

mit Domenico Natale, Guido Gradenigo, Messemare, Pisano, Lorenzo Monetario und Nicolò Dacanova ein[1]). Da Mairano selber zu Hause blieb, bestellte er Giovanni Daponte zum Nauklerus und setzte ihm eine Belohnung von 200 £ Veroneser Denare aus. Im August 1177 ernannte er ihn nebst Domenico Natale und Jozolino Michiel zu seinen Bevollmächtigten: sie sollten im Magreb seine zehn Kontrakte erfüllen und Quittungen in Empfang nehmen, den Rest des Gewinnes investieren und auf seinen Namen und seine Gefahr nach Venedig senden[2]); dafür wurde ihnen eine Provision von je 100 £ in Aussicht gestellt.

Mit der Herbstmudua segelte das Schiff ab und kehrte mit der Wintermudua nach Venedig zurück. Doch wickelten sich die Geschäfte nicht alle programmmäßig ab, sondern spielten noch in die Unternehmungen des Jahres 1178 hinein. Im Januar war der Nauklerus Giovanni Daponte aus dem Magreb zurück[3]). Im Februar erklärte sich Warnerio Daponte für seine zwei Forderungen vom Mai und August 1170 im Betrag von 300 Perpern für befriedigt, indes augenscheinlich nur gegen eine entsprechende Beteiligung an der diesjährigen Expedition Mairanos. Sie richtete sich wieder auf Alexandria. Mairano brach selber mit seinem Schiffe im Frühjahr auf und erschien im April 1178 zunächst in Zara (Jadera), wo ihm Giovanni Daponte über nicht näher angedeutete Beziehungen eine securitatis carta ausstellte. Dann setzte er die Fahrt nach Alexandria fort und bezahlte dort nacheinander seine Gläubiger vom Vorjahre. Im Juli quittierten ihm Giovanni Daponte und Domenico Barbadico über ihre Seedarlehen von je 1333 massamutini[4]), im September Jozolino Michiel über den Empfang seiner Provision von 100 £ (?).

Im Winter kehrte er nach Venedig zurück, um hier endlich auch seinen Nauklerus Giovanni Daponte im Februar 1179 mit

---

[1]) Einzelheiten darüber sind nicht bekannt.

[2]) Quod superfluum fuisset, ibi investire debebamus et in veneciam adducere vel mittere debebamus ad tuum nomen et in tuo periculo.

[3]) Er und Domenico Natale bezeugten einander das mündliche Versprechen Mairanos über 100 £ Provision.

[4]) Quittungen von Pietro Barbano und Bisanzio sind nicht erhalten.

300 £ — 200 für seine Dienste als Kapitän und 100 als Bevollmächtigter — zufriedenzustellen und zu verabschieden. Für die nächsten paar Jahre engagierte er sich den Nauklerus Marino Belli. Dieses Mal faßte Mairano als erstes Ziel Syrien ins Auge. Leider sind nur wenige Verträge erhalten. Im Juli 1179 erhielt er von Marino Barbadico ein Seedarlehen, das er sich verpflichtete mit der ersten Mudua nach Accon oder Jaffa zu nehmen und dort innerhalb 30 Tagen 300 bycantii saracenati zurückzuerstatten. Ebenfalls im Juli nahm er von Pancrazio Dauro ein Seedarlehen, für welches er in Accon 180 bycantii saracenati zurückzahlen sollte. — Um die gewohnte Zeit reiste Mairano ab und bezahlte im Oktober 1179 in Accon Marino Barbadico. Auch Pancrazio Dauro quittierte ihm gleichzeitig, verwandelte aber seine Forderung in ein neues Seedarlehen nach Alexandria, wo er sich 166 bycantii saracenati (veteres) innerhalb 30 Tagen ausbedang. Schon im November traf Mairano in Alexandria ein und beglich auch diese Schuld.

Zu der Unternehmung des folgenden Jahres schloß er mit Wilhelm Scriba eine compagnia, deren Vertrag jedoch nicht auf uns gekommen ist. Beide gemeinschaftlich kontrahierten im Juli 1180 mit der Kapitalgesellschaft Leo Belligno, Giovanni Michiel und Andrea Donato: diese lieferte ihnen Waren zur Verfrachtung mit Mairanos Schiff (Nauklerus Marino Belli) nach Alexandria und verlangte hier bis Weihnacht 1180 ein Äquivalent im Werte von 1000 £ Veroneser Denare in Venedig. Im August erhielten Mairano und Scriba von Pietro Marcello ein Seedarlehen, für das sie in 30 Tagen nach Eintreffen des Schiffes in Alexandria Waren im Wert von 300 £ erstatten sollten. Dann verteilten die Gesellschafter die Rollen untereinander; Mairano selbst blieb daheim und vertraute seinerseits seinem Sozius ein Seedarlehen an: das sollte Scriba in Mairanos Schiff nach Alexandria bringen und damit in demselben oder einem anderen Schiffe mit der Ostermudua 1181 nach Venedig zurückkehren und in 30 Tagen 750 £ Veroneser Denare entrichten. — Scriba fuhr mit der Septembermudua nach Alexandria und empfing hier im Oktober 1180 von Filippo Marcello, dem Sohn und Bevollmächtigten des Pietro Marcello,

Schuldschein und Quittung. Über die Befriedigung der anderen Gläubiger ist nichts bekannt.

Überhaupt weist unser Material für die nächsten drei Jahre bedauerliche Lücken auf. 1181 veränderte Mairano wieder ohne erkennbaren Grund seinen Wohnsitz in Venedig. Er zog nach dem Sprengel S. Aponal in der Nähe des Rialto, wo er später bedeutenden Grundbesitz besaß [1]), den er vielleicht jetzt erwarb: die beliebte Anlage des im Handel erworbenen Vermögens. — Im Dezember 1181 tilgte er an Auria, die Witwe des Giovanni Bembo, seine Schuld vom März 1170, in dem ihr verstorbener Gatte ihm 4000 Pfund Kupfer anvertraut hatte. Im Januar 1182 beendete er seine compagnia mit Wilhelm Scriba [2]); sie teilten alles untereinander bis auf ein Schiff mit seiner aus Holz bestehenden Ladung, das sie vorläufig noch gemeinschaftlich besitzen wollten. — Interessant ist ein Dokument vom Februar 1182, das einen Einblick in die damals herrschende Ansicht über die Solidarhaft der Mitglieder einer Hausgemeinschaft für die Schulden eines einzelnen gewährt. Corrado Manducacaseum, der Vater von Mairanos erster Frau, hatte der Welt entsagt und war als Mönch in das Kloster SS. Felice e Fortunato auf der Insel Ammiana eingetreten [3]). Für die treuen Dienste, die ihm sein Enkel Giorgio, Sohn von Romano Mairano und Mariota, geleistet hatte, stellte er ihm mit Erlaubnis seines Abtes eine Schenkungsurkunde aus über seine Liegenschaften im Sprengel S. Moisé, hölzerne und steinerne Baulichkeiten an der Calle Pietro Orseolo und dem Rio Batario [4]): ita tamen, quod nullus hominum non debeat suprascriptam proprietatem tibi nec tuis heredibus tollere pro nulla debita predicti patris tui, que quondam

---

[1]) 1197 und 1201 werden dort erwähnt: zwei Häuser an der Calle S. Cassiano und daran anstoßend ein corpus maioris proprietatis, d. h. wohl ein ganzer Häuserblock.

[2]) In der Urkunde (Zeugenaussage) liest man: Gulielmo furiano; doch ist das sicher ein Schreibfehler statt: scribano, wie der Name sonst neben scriba und scriptor geschrieben wird.

[3]) Im Dezember 1181 quittierte ihm der Bischof von Torcello über den richtig bezahlten Zehnten.

[4]) Dieser zog sich an der Westseite des Markusplatzes an der Stelle des heutigen neuen Flügels des Palazzo Reale hin.

ipse fecisset nec facere debet, unde tu pro eadem debita subiacuisses tam tu quam tuis heredibus ac proheredibus, et si aliquis homo ipsam proprietatem tibi tollere voluerit pro eadem debita, tunc ipsam proprietatem deveniat in predicto nostro monasterio ad faciendum inde, quicquid voluerit.

Im Jahre 1182 scheint Romano Mairano eine compagnia mit Domenico Malaza zu einer neuen Expedition nach Ägypten abgeschlossen zu haben. Wir sehen ihn im Oktober 1182 in Alexandria auftauchen, wo er sich mit Malaza über eine Urkunde, die er ihm über die Hälfte seines Schiffes ausgefertigt hatte, auseinandersetzte, und beide ihr compagnia dann auflösten. — Im Juni und Juli 1183 regulierte Mairano in Venedig die, soweit uns bekannt, letzte Schuld vom Unglück in Byzanz her. Sein Gläubiger Leonardo Gimarco war gestorben; darum nahm sein Sohn Giovanni nunmehr die Zahlung von 240 Perpern in Empfang.

Vielleicht noch 1183 ließ Mairano ein neues Schiff bauen auf dem „Fondaco des Patriarchats" genannten Grundstücke in S. Luca [1]). Am 26. Februar 1184 verpflichtete er sich dem Domenico Secreto: er wolle im kommenden August nach Alexandria segeln und ihm dort in 30 Tagen 105 cantaria Alaun zollfrei (munda extincta de tercia doana) aushändigen; wenn er nicht nach Alexandria ginge, dann wolle er am selben Termin nach Romanien fahren und ihm da 350 Goldperpern auszahlen; falls aber durch den Dogen und seine Räte der Auslauf nach Ägypten und Byzanz untersagt werden würde [2]), dann erklärte er, ihm bis zum 29. September (Michaelis) des laufenden Jahres in Venedig 300 £ zurückzuerstatten. Das befürchtete Verbot wurde aber nicht erlassen, zum eigenen Schaden Mairanos. Im August 1184 empfing er von Pietro Cornaro ein Seedarlehen gegen die Verpfändung der Hälfte seines Schiffes; er versprach dafür im Mai 1185 die Lieferung von 24 Zentnern Pfeffer in Venedig. Giovanni Conciabutem forderte für sein Seedarlehen ebenfalls im nächsten Mai in Venedig 600 £ Veroneser Denare.

---

[1]) Super terra, que dicta fontega patriarchatus, in confinio S. luce.

[2]) Quod si venetia districta fuerit per dominum ducem et per maiorem partem consiliatorum ita, quod nulla navis ad alexandriam neque in romaniam ire debeat, tunc etc.

Mit dem Herbstgeschwader fuhr Mairano ab. Im Oktober 1184 kontrahierte er in Alexandria mit Pietro Agadi: für sein Seedarlehen versprach er ihm im Mai in Venedig 1 cargo Pfeffer. Die Erfüllung sämtlicher Aufträge erlitt erhebliche Verzögerungen, und es ist deshalb wahrscheinlich, daß Mairano in den sich jetzt neu erhebenden Wirren im Orient erhebliche Verluste erlitten hatte. Pietro Cornaro quittierte ihm erst im Dezember 1185 und Conciabutem erst im Juni 1187. Über Mairanos Tätigkeit in dieser Zeit wissen wir nichts. Für friedlichen Handel gab es in der Levante nun wenig Gelegenheit; ein Edikt des Dogen vom November 1188 [1]) rief alle Venezianer in die Heimat zurück zum Kampfe gegen die Ungläubigen. In Syrien fiel eine christliche Besitzung nach der anderen unter dem wuchtigen Andringen Saladins. Tyrus allein unter allen Städten des Königreichs Jerusalem hielt unter Conrad von Montferrats mutvoller Verteidigung stand. Und in der Tat: Tyrus war das Ziel, dem Mairano jetzt zustrebte.

Im August 1189 ließ er sich von Fasana, der Tochter des verstorbenen Bizancio Longobardo aus Murano, eine Vollmacht ausstellen, um von Jacopo Dulze, Einwohner von Tyrus, eine alte Schuld von 300 bycantii manuelati einzukassieren. Pietro Agadi quittierte ihm über seine Forderung von der letzten verunglückten Expediton nach Alexandria her (1 cargo Pfeffer), um jetzt an dem neuen Unternehmen zu partizipieren. — In Tyrus blieb Mairano anscheinend bis zum Frühjahr 1190. Da rüstete er sich zu einer Fahrt nach Abydos (auf dem thrakischen Chersones) und Konstantinopel. Im April 1190 schloß er in Tyrus seine Verträge ab: es steht ihm frei, in Konstantinopel seine Verpflichtungen zu lösen oder über Halmyros und Lokryto nach Syrien zurückzukehren und da erst die Teilnehmer auszuzahlen. Er schuldet demnach:

Jacopo de Naulo	620	Perpern in Konstantinopel	bez.:	720 bycantii sarac. in Syrien,
Domenico Marconi	246	„ „ „	„	270 bycantii sarac. in Syrien,
Marco Contarini	300	„ „ „		oder Abydos.
Domenico Bonzi	110	„ „ „		
Vitale Pelegrino	55	„ „ „		

---
[1]) Tafel und Thomas I, p. 204 f.

Noch einmal leitete Mairano sein Schiff als sein eigener Nauklerus und traf nach fast 20jähriger Abwesenheit wieder in der Kaiserstadt am Bosporus ein, die er seit 1171 nicht mehr betreten hatte. Im Juli 1190 erfüllte er dort alle seine Verbindlichkeiten.

Während er so im Orient tätig war, fühlte seine Frau Matelda in Venedig ihr Ende herannahen. Sie rief im Mai den Pleban von S. Aponal zu sich und ließ ihn ihr Testament schreiben. Als Testamentsvollstrecker setzte sie ihren Mann und ihren ältesten Sohn Giovanni ein. Von ihrer Mitgift, die sich im Betrage von 300 £ in der Verwaltung ihres Gatten befand, teilte sie diesem 25 £ zu, jedem ihrer Söhne 75 und jeder ihrer Töchter 25; die Kirche ging ausnahmsweise leer aus. — Der Tod seiner Frau rief Mairano wieder nach Venedig. Dort hatte er auch noch eine Schuld von 21 £ venezianischer Denare an Rosso und Margarito aus Mayrano für Holzlieferung[1]) zu erfüllen, was im April 1191 geschah. Damit beendete Romano Mairano seine Reedertätigkeit und zog sich von der aktiven Beteiligung am Handel zurück. Ein ihm gehöriges Schiff wird nicht mehr erwähnt. Der junge Giovanni Mairano wurde der Nachfolger seines alternden Vaters, der ihm allerdings noch mit Rat und Tat zur Seite stand. Mit seiner Zustimmung schloß er im Juni 1192 mit Pancrazio Michiel, dem Sohne des Jozolino Michiel, eines alten Geschäftsfreundes Mairanos, eine collegantia ab: Pancrazios Einlage betrug 100 £, Giovannis 50 £ venezianischer Denare; letzterer sollte in dem Schiffe, in dem Marco Brulaosso Nauklerus war, mit dem Gesellschaftskapitale nach Apulien fahren und von dort nach Erledigung seiner Obliegenheiten mit demselben oder einem anderen Schiffe nach Venedig zurückkehren. Giovanni begann seine Laufbahn also auch als einfacher mercator. Die Rückkehr und Abrechnung erfolgte im September desselben Jahres.

Im September 1193 empfing Romano Mairano von Jonathan Bugario, seinem ehemaligen Sozius (November 1169), eine Quit-

---

[1]) Anscheinend auch im August 1189 zum Transport nach Syrien oder Konstantinopel.

tung, die sich auf alle zwischen ihnen irgendwie vorhandenen Verbindlichkeiten erstreckte, ohne diese näher anzudeuten. — Sein Lebensabend wurde durch mancherlei finanzielle Verlegenheiten und Prozeßstreitigkeiten getrübt. Er hatte offenbar zu viel Kapital in Grundbesitz festgelegt und sein Sohn hatte vielleicht nicht so viel Glück im Handel wie er. Im August 1194 entlieh er von seinem Schwiegersohn Ottaviano Firmo 150 £ venezianischer Denare auf 3 Jahre mit 10 Proz. Zinsen per annum. Im August des nächsten Jahres bezahlte er den Zins im Betrage von 15 £ und 50 £ des Kapitals zurück. Es hat ganz den Anschein, als handelte es sich hier um Konsumtionskredit. Denn von Handelszwecken ist nicht die Rede, und alles spricht dafür, daß Mairano den Rückzahlungstermin nicht einhielt, sondern seinen Gläubiger mit einem Grundstück befriedigen mußte, um das aber erst ein Prozeß zu führen war. Entfernte Verwandte von ihm (Crescenzio, Viviano und Domenico Mairano) waren gestorben und ihr Grundbesitz am Rio S. Ternità fiel an Romano Mairano als an den letzten überlebenden Zweig der Familie. Doch auch die Kirche S. Ternità erhob Anspruch auf ein Grundstück und behauptete, es durch mehr als dreißigjährigen Besitz ersessen zu haben. Mairano indes bewies im März 1197 durch Zeugen oder Urkunden, daß seitdem noch nicht 29 Jahre[1]) vergangen seien und ihr Anspruch mithin hinfällig sei. Im April 1197 bezeugte Roland Faber die Verwandtschaft Romanos mit den verstorbenen Mairani.

Kaum war dieser Prozeß beendet, als ein neuer begann. Der junge Giovanni Mairano hatte sich mit Adelina (sine proprio adnomine) verheiratet, war aber bald durch die Kirche von ihr geschieden worden. Sie forderte ihre Mitgift von 156 £ zurück und strengte eine Klage gegen ihn und seinen Vater auf deren Auszahlung an. Sie erwirkte im Juni 1197 vor dem Gerichtshof des Dogen Enrico Dandolo ein Urteil, kraft dessen sie in den Besitz von zwei Grundstücken in S. Ternità und

---

[1]) Diese Streitigkeiten hängen wohl mit Mairanos erstem Wohnungswechsel zusammen, der vor nicht ganz 29 Jahren (Ende 1168 oder 1169) stattgefunden hatte.

S. Aponal eingesetzt wurde, um darüber bis zur Höhe von 156 £ zu verfügen[1]). — Am 22. Juli desselben Jahres fertigte Mairano seiner Tochter Arphedoxia ein Schenkungsinstrument über die Hälfte eines Hauses an der Calle S. Cassiano in S. Aponal aus.

Daß Mairano sich durch seinen Sohn noch immer am Handel beteiligte, erfahren wir zufällig für das Jahr 1199. Im August 1199 nahm er von Pancrazio Michiel ein Seedarlehen von 500 £ venezianischer Denare, um es durch seinen Sohn Giovanni im Schiffe mit dem Nauklerus Manasse Marino nach Alexandria zu schicken. Im Mai 1200 erstattete er Kapital und Zins dem Vater des inzwischen verstorbenen Pancrazio [2]), Jozolino Michiel, zurück. — Im Oktober 1200 entlieh er von seinem Vetter Matteo Steno auf 1 Jahr 50 £ venezianischer Denare, die er im November 1201 ein wenig verspätet ihrem Eigner mit Zins zurückbezahlte. Wieder dürfen wir Konsumtionskredit annehmen: quas tibi dedi et prestiti pro amore. — Vom 29. November 1201 datiert auch die letzte Urkunde, die Mairanos Erwähnung tut. Seine ebengenannte Tochter Arphedoxia war in das Benediktinerinnenkloster S. Zaccaria getreten. Die Äbtissin desselben, Calandria, beanspruchte für das Kloster die von Mairano seiner Tochter geschenkte Grundstückshälfte. Sie beschritt den Prozeßweg und erhielt durch rechtskräftige Entscheidung das Streitobjekt zuerkannt.

Vermutlich starb mit dem bald erfolgten Tode Romanos und seines Sohnes die Familie Mairano aus und fielen ihre Besitzungen im Erbgange an S. Zaccaria, wohin auch ihr Privatarchiv wanderte.

---

[1]) Auch hier tritt die Solidarhaft der compagnia (oder Hausgemeinschaft) selbst für Privatschulden ihrer Mitglieder hervor. Der Vater haftet für die Schulden des erwachsenen Sohns.
[2]) Er war schon 1192 erkrankt.

Sechstes Kapitel

Theoretische Zusammenfassung

Werfen wir zum Schluß noch einen Blick auf den durchmessenen Weg! Wir sahen zunächst Venedig aus zersprengten Trümmern der antiken Welt entstehen und im engen Anschlusse an Ostrom emporwachsen. Handel und Schiffahrt waren von Anbeginn aufs innigste mit dem Leben seiner Bewohner verflochten. Erhebliche Ansammlungen mobilen Besitzes ließen sich schon so frühe nachweisen, daß die Annahme ihres Ursprungs aus Grundrentenakkumulationen absurd erschien; nur dem Handel konnten sie ihr Dasein verdanken, und das älteste Handelskapital lieferten wohl byzantinische Frachtgelder und Erträge des Salzhandels. Im Vordergrunde der ganzen Politik des Staates stand immer die Förderung des Handels, an dem in der ältesten Zeit die Häupter der Republik sogar unmittelbar teilnahmen: fürstliche Handelsbetriebe wie später im Zeitalter des Merkantilismus. Sodann verfolgten wir das Verhalten Venedigs in der Epoche der Kreuzzüge, wie auch hier sein Streben stets in dem einen Gedanken gipfelte, neue Handelsprivilegien und Ausbreitung seiner Handelsbeziehungen zu erlangen, und wie es deshalb die Erwerbung von Handelsstützpunkten und Quartieren in den wichtigsten Emporien sich angelegen sein ließ. Niemals fanden wir dagegen eine Spur, die auf umfangreiche Plantagenwirtschaften oder von Sklaven betriebene gewerbliche Produktion in den von den Venezianern in den syrischen Städten erworbenen Vierteln gewiesen hätte. Zuletzt sahen wir uns auch die innere Organisation des Handels an und veranschaulichten uns seine Betriebsweise an einem konkreten Beispiel.

Es handelt sich nun noch um die richtige theoretische Erfassung der in den letzten beiden Kapiteln klargestellten Tatsachen. In welche Kategorie gehört der venezianische Handel unserer Epoche? Sombart stellt deren im ganzen drei auf: handwerksmäßiger Handel, Gelegenheitshandel und kapitalistischer Handel. Nach ihm kommen für die Zeit vor 1202 überhaupt nur die beiden ersten in Frage. Daß aller berufsmäßige Handel im Mittelalter sich nur in handwerksmäßigen Formen vollzog, beweist Sombart für den italienischen Seehandel in folgender Weise: Er addiert die Kapitaleinlagen der ersten 50 Kommenda- und Sozietasverträge des bekannten Notulariums von Giovanni Scriba und dividiert die erhaltene Summe durch die Zahl der Verträge[1]). Damit glaubt er den Durchschnitt des damaligen Handelsbetriebsfonds gefunden zu haben und konstatiert mit Befriedigung dessen Geringfügigkeit. Die Unzulässigkeit einer solchen Methode leuchtet nach der voraufgegangenen Darstellung der Betriebstechnik sofort ein; das Resultat muß so notwendigerweise ein falsches werden, denn der einzelne schloß nicht einen Vertrag, sondern möglicherweise ein ganzes Dutzend auf einmal ab[2]). Der Geschäftsumfang konnte sich also auf der elastischen Basis des Kollektivkapitals, das Sombart allzusehr links liegen läßt, zu einem recht beträchtlichen auswachsen. In dem einen Falle, in dem wir in der Monographie „Mairano" wenigstens das Minimum der Kapitalmenge, die in einer einzelnen Unternehmung investiert war, zu schätzen vermochten, berechneten wir 6665 massamutini im Metallwert von ca. 73000 Frcs., für diese frühe Zeit doch gewiß eine ganz respektable Summe und selbst für einen modernen Handwerksbetrieb etwas zu groß. Und dann die Persönlichkeit des Händlers selber! Das Porträt, das Sombart (I, 174—180) mit kühnen Strichen von dem mittelalterlichen Berufskaufmann entwirft, zeigt bei einer Konfrontation mit der venezianischen Unternehmergestalt, die wir kennen gelernt haben, doch recht wenig Ähnlichkeitszüge. Einen Krämer und Handwerker wird Som-

---

[1]) Sombart I, p. 170.
[2]) Bei genauerem Zusehen läßt sich selbst in dem so einseitigen genuesischen Material diese Erscheinung nachweisen: so der Großunternehmer Solimano Melega Nr. 280, 337, 339, 342, 345; der Kapitalist Buongiovanni Malfuasto Nr. 351, 363, 366, 369 etc.

bart einen Mairano wohl selber nicht nennen wollen. Oder etwa einen Gelegenheitshändler? Denn: „Man darf [sogar] mit gewissem Rechte behaupten, daß dort, wo im Mittelalter in großem Stile Handel getrieben wird, es Gelegenheitshandel ist, der nicht von der berufsmäßigen Händlerkaste ausgeübt wird" [1]). Nun, wenn jemandem der Gelegenheitshandel so zur Gewohnheit wird, daß er ihm einige 40 Jahre hindurch eifrig obliegt, so hört er eben auf, Gelegenheitshandel zu sein, und darf ruhig als „berufsmäßig" bezeichnet werden.

In die beiden ersten Kategorien will also unser Bild des venezianischen Seehandels nicht recht passen. Es bleibt nur noch die letzte: wurde er vielleicht kapitalistisch betrieben? Nach Sombart hat der Kapitalismus, wie bereits in der Einleitung ausgeführt wurde, zwei Voraussetzungen, die erst erfüllt sein müssen, ehe er möglich ist: das Vorhandensein von Sachvermögen in angemessener Höhe und die Existenz des kapitalistischen Geistes. Die erste Voraussetzung wurde hier erfüllt, indem man nach Art unserer Aktiengesellschaften [2]) ein Kapital aufbrachte. Aber auch der kapitalistische Geist fehlte nicht. Wir sehen in dem venezianischen Kaufmann eine Persönlichkeit, die, weit davon entfernt in der traditionellen Schablone eines Zwergbetriebes zu verharren und mit dem zufrieden zu sein, was zur Bestreitung des Unterhaltes genügte, ganz im Gegenteil sich aus kleinen Anfängen zum Kapitän und reichen Reeder emporarbeiten konnte, um eine ausgedehnte spekulative Tätigkeit zu entfalten, die stets neue Erwerbsquellen zu erschließen sucht und sich geschmeidig den veränderten Konjunkturen anpaßt — kurz, den vollendeten Typus eines nie rastenden Unternehmers, wie ihn die moderne Erwerbswirtschaft nicht ausgebildeter aufzuweisen hat. Die Grundlagen waren also gegeben, auf denen sich eine kapitalistische Unternehmung aufbauen konnte. Was haben wir denn überhaupt unter einer solchen zu verstehen? Darüber gibt uns Sombart selbst den bündigsten Aufschluß: „Kapitali-

---

[1]) Sombart I, p. 164.
[2]) Von der Verschiedenheit der juristischen Konstruktion wird hier natürlich abgesehen.

stische Unternehmung [aber] nenne ich diejenige Wirtschaftsform, deren Zweck es ist, durch eine Summe von Vertragsabschlüssen über geldwerte Leistungen und Gegenleistungen ein Sachvermögen zu verwerten, d. h. mit einem Aufschlag (Profit) dem Eigentümer zu reproduzieren. Ein Sachvermögen, das solcherweise genutzt wird, heißt Kapital." Nach dieser Definition können wir in Venedig deutlich zwei Arten von kapitalistischen Unternehmungen unterscheiden, die die Formen des Leihkapitals und Handelskapitals repräsentieren. Die Vertragsabschlüsse über geldwerte Leistungen und Gegenleistungen finden optima forma in notariellen Urkunden statt und werden von den Kontrahenten eigens zu dem Zwecke betätigt, einen Profit zu erzielen, um solchergestalt ihr Kapital zu vermehren. Das liegt so klar auf der Hand, daß jedes weitere Eingehen darauf überflüssig wäre.

Wir stehen deshalb nicht an, den venezianischen Handelsbetrieb dieser Zeit als einen kapitalistischen in Anspruch zu nehmen. Dann aber hat Sombarts schöne Konstruktion, von der Ära des handwerksmäßigen Geistes, die der kapitalistischen voranging, eine bedenkliche Durchlöcherung bekommen. Denn hier in den Lagunen ringt sich vielmehr unmittelbar aus dem früh überwundenen feudalistischen Durchgangsstadium die städtische Kultur zu reiner Blüte empor, getragen von einem intelligenten und unablässig vorwärtsstrebenden Kaufmannsstand, dem das Idyll des selbstgenügsamen Handwerkers gänzlich fremd ist.

Exkurs über das Münzwesen im Levanteverkehr

Es kann nicht die Absicht dieser kurzen Bemerkungen sein, eine erschöpfende Darstellung der Münzverhältnisse, soweit sie in unserer Periode für die Vermittlung des Warenaustausches zwischen Orient und Okzident in Betracht kommen, zu geben. Dazu fehlt es noch ganz an den notwendigen Vorarbeiten und insbesondere liegt die Geschichte der byzantinischen Münzverfassung im Mittelalter noch sehr im Argen. Es handelt sich hier nur um den Versuch, die Resultate, die sich aus der Kenntnis der venezianischen Urkunden ergeben, zu benutzen, um einige Klarheit zu bringen in die oft widerspruchsvollen Ansichten, besonders hinsichtlich der Bewertung und Benennung dieser Münzen, die sich bei den verschiedensten Autoren noch immer finden[1]).

Die eigentliche Weltmünze im Seeverkehr des Mittelmeers, der die späteren alle nachgebildet wurden und davon das zum Gattungsbegriff gewordene stehende Epitheton „bycantius" erhielten, war der byzantinische Goldhyperper oder Perper, wie ihn die lateinischen Urkunden abgekürzt nennen. Er stammte von dem konstantinischen Goldsolidus ab, der $^1/_{72}$ des römischen Pfundes Gold = 12$^1/_2$ Reichsmark repräsentierte[2]). Wie im Abendland aus dem ursprünglichen Gewichtspfund der Denare allmählich eine bloße Rechnungseinheit wurde, so blieb auch in Byzanz die Norm: 72 Perpern = 1 Pfund bestehen, nachdem die Münze selbst an Goldwert eingebüßt hatte, allerdings nur wenig im Vergleich zu der westeuropäischen Münzverschlechterung. Der Beweis hierfür soll sogleich erbracht werden:

Urkunde vom März 1190:

Von der ersten Entschädigungsrate des Andronikos (100 Pfund Perpern) entfielen auf je einen Perper der gebuchten Verluste $^1/_2$ Goldkarat und $^1/_2$ venezianischer Denar. Sisimulo hatte 6 librae de perperis als Verlust angemeldet und erhielt bei der Verteilung 9 Perpern und 18 solidi denariorum venecialium.

---

[1]) Man vgl. nur, wie die Entschädigungssummen an Venedig für den Raub von 1171 von Marin III, p. 167 und nach ihm von vielen anderen auf 1$^1/_2$ Millionen Zechinen, von Heyd (I, 240) auf 1500 Byzantien angegeben werden, während sie in Wirklichkeit 108000 Perpern betrugen; und alles nach derselben Quelle (15 centenaria yperperorum oder 15 κεντηνάρια χρυσίου)!

[2]) Nach Goldtschmidt I, p. 97.

Daraus ergibt sich folgendes einfache Rechenexempel:

9 Perpern = 216 karati entsprechen 432 Perpern Gesamtverlust,
18 solidi = 216 denarii entsprechen 432 Perpern Gesamtverlust,
6 librae de perperis = 432 perperi; 1 libra = 72 perperi.

100 librae de perperis bildeten dann ein centenarium oder ein κεν-τηνάριον χρυσίου als höchste Rechnungseinheit. Eingeteilt wurde der Perper in 24 karati aurei. Ob diese wirklich ausgeprägt wurden, muß dahingestellt bleiben; jedenfalls waren sie dann eine Goldmünze von außerordentlicher Kleinheit. Neben diesen bycantius perperus aureus vetus trat später, vielleicht erst im 12. Jahrhundert, der bycantius perperus aureus novus[1]), der um $^1/_{24}$ wertvoller war und 25 karati zählte. Mit ihm finden sich Zahlungen stipuliert in Theben (1150), Korinth (1168) und Halmyros (1168). Eine große Rolle hat dieser neue Perper aber nie gespielt und scheint bald verschwunden zu sein. Die spätere Zeit kennt nur den 24karätigen Perper.

Eine synonyme Bezeichnung mit den perperi aurei veteres war offenbar die zuweilen in Urkunden, die in Byzanz selbst ausgefertigt waren (Lakedaemonia, Halmyros), vorkommende gräzisierte Benennung: perperi aurei palei kenurgii. Im Werte dieser Münzen wenigstens bestand kein Unterschied. Ähnlich verhielt es sich wohl mit den hie und da erwähnten: bycantii Michelati (1092) oder bycantii Manuelati (vor 1189) oder stauro-Manuelati (1157), ganz evident nur aus dem aufgeprägten Münzbild abgeleitete Namen.

Das Währungsgebiet des Goldperper war zwar im wesentlichen auf Byzanz beschränkt, doch wurden auch in Venedig Zahlungen in dieser Münze ausbedungen.

An den übrigen levantinischen Küsten kursierte der viel umstrittene bycantius saracenatus. Seine Doppelnatur hat zuerst H. Lavoix[2]) richtig erkannt, doch ist seine Scheidung in bycantius saracenus und bycantius saracenatus keine dem damaligen Sprachgebrauch durchweg angepaßte. Der venezianische Kaufmann unterschied vielmehr den bycantius saracenatus vetus und den bycantius saracenatus novus. Jener war der arabische Golddynar, die Kalifenmünze, und war das Zahlungsmittel an allen sarazenischen Plätzen (außer dem westlichen Mittelmeerbecken), im 12. Jahrhundert also vorwiegend in Ägypten. Das Attribut „vetus" erhielt der saracenatus aber erst, als man nach Errichtung der Kreuzfahrerstaaten dort anfing, den arabischen Goldmünzen äußerlich ganz ähnliche Stücke zu prägen, die jedoch um ca. $^1/_{10}$ geringwertiger waren. Dies waren die bycantii saracenati novi, oft mit dem erläuternden Zusatz: de moneta regis Jerusal. Der Zweck dieses Verfahrens war offensichtlich

---

[1]) Auch mit dem Zusatz: de capite karati.
[2]) Monnaies à légendes arabes frappées en Syrie par les croisés. Paris 1877, p. 47 f.

die Schaffung einer brauchbaren Courantmünze, deren Aussehen möglichst wenig von dem dem Orientalen gewohnten abwich [1]).

Im Magreb endlich galten die bycantii massemutini oder marabutini [2]), die Münzen der dortigen mohammedanischen Herrscher; ihr Wert war wahrscheinlich derselbe, als der der anderen arabischen Dynare [3]).

Leider fehlen mir die nötigen Unterlagen, um den Metallwert dieser Münzen in unserem Gelde für die in Betracht kommende Epoche exakt anzugeben. Nur soviel läßt sich behaupten: Wenn Prutz [4]) den Metallwert der Kreuzfahrer-Goldmünze richtig mit 10,1 Fcs. angegeben hat, dann betrug im 12. Jahrhundert ein alter Goldperper etwa 11,2 Fcs. und ein ägyptischer saracenatus ebensoviel [5]).

---

[1]) Vgl. Prutz, Kulturgeschichte der Kreuzzüge 1883, p. 372 ff.
[2]) Siehe Ducange, Glossarium.
[3]) Hüllmann, Städtewesen des Mittelalters (1826), I, p. 409 f.
[4]) A. a. O. p. 374.
[5]) Kremer, Kulturgeschichte des Orients (1875), I, p. 15 Note bewertet den arabischen Golddynar auf etwas über 13 Fcs.; doch wird das für das 12. Jahrhundert wohl nicht mehr zugetroffen haben.

Beilagen

(Venedig, St.-A. S. Zacc. Perg. b. 24.)

I.

Venedig, Juli 1039. Aeltestes Vorkommen der Ankerleihe.

In nomine domini Dei et salvatoris nostri Jhesu Christi. Anno incarnacionis eiusdem redemptoris nostri millesimo trigesimo nono mense Julii indictione septima Rivoalto.

Manifestus sum ego quidem Dominicus Justo de Geminus cum meis heredibus, quia recepi de te Penelda relicta Armato de Luprius et tuis heredibus, hoc est anchoram unam ad nabulum in taxegio de terra [1] ... pesantem libris ducentis quadraginta, unde debeo tibi dare nabulum vel ad tuum missum in eadem terra besancios aureos saracinescos tres boni pesantes expendibiles in omni mercimonia. Cum autem reversa fuerit ipsa anchora de taxegio illam tibi dare et reddere promitto cum dato suo nabulo in predicta terra. Et si, quod absit, a mare vel a gente perditam fuerit, tunc de propria mea causa illam tibi restituere promitto tantum pesante sicut et ipsa tua. Quod si, cum reversa fuerit iamdicta anchora de isto taxegio, et eam tibi non reddidero cum deliberato suo nabulo in ipsa terra, tunc omnia duplo cum meis heredibus tibi et tuis heredibus dare et reddere promitto de cuncta mea proprietate vel de omnia, que habere visus fuero in hoc seculo.

    †Ego Dominicus manu mea subscripsi
    †Ego Contari testis subscripsi
    †Ego Johannes testis subscripsi
    †Ego Urso testis subscripsi
      Notitia testium id est:
      Contari, filius Bono Contareni
      Johannes, filius Johannis Contareni
      Urso Georgio de Costanciaca
    Ego Leo diaconus et notarius complevi et roboravi.

---

[1] Wie aus der Münze hervorgeht, ist ein sarazenisches Land (Syrien, Ägypten) gemeint; der Name ist leider verdorben.

II.

Venedig, August 1073. Aeltester erhaltener collegantia-Vertrag.

In nomine domini Dei et salvatoris nostri Jhesu Christi. Anno incarnationis eiusdem redemptoris millesimo septuagesimo tercio mense Augusti indictione undecima Rivoalto.

Accepi ego quidem Johannes Lissado de Lupro cum meis heredibus in collegancia de te quidem Sevasto aurifice, filio Dominici Trudimundo, et tuis heredibus, hoc est libras denariorum ducentas et ego ibidem iactavi libras denariorum centum et de isto habere habemus sortes duas in nave, ubi nauclerus est Gosmirus Damolino. Que omnia mecum portare debeo in taxegio de Stives in iamdicta nave, ubi suprascriptus Gosmirus Damolino nauclerus vadit, in tali vero placito nostraque stancia, ut hoc totum laborare et procertare promitto, in quo melius potuero, capetanea salva. Prode vero, quod inde dominus dederit, perfictam medietatem inter nos dividere debeamus sine fraude et malo ingenio, et undecumque aliquid aquirere potuero cum toto isto habere, totum in istam colleganciam iactare debeam. Et si, quod absit, a mare vel a gente super totum istum habere perditum fuerit et fuerit clarefactum, nichil inde pars parti inquirere debeamus. Si autem aliquid inde remansit, sicut iactavimus, ita participemus. Istam colleganciam sit inter nos usque dum nostre in unum conveniunt voluntates. Quod si non observavero omnia, sicut superius legitur, tunc omnia duplo caput et prode cum meis heredibus tibi et tuis heredibus dare et reddere promitto de terra et casa mea vel de omnibus, que habere visus fuero in hoc seculo. Signum manus suprascripti Johannis, qui hoc rogavit fieri.

†Ego Petrus testis subscripsi	Noticia testium id est:
†Ego Laurencius testis subscripsi	Petrus Gossonus
†Ego Cosmiro testis subscripsi	Laurencius Scutarus
	Gosmirus Damolino

Ego Dominicus clericus et notarius complevi et roboravi.